En la vida lo único más grande que [...]
El soñador es quien logra los sueños o deja que sigan siendo
solo sueños y se pierdan. Antonina Araya, o "Anto" como le
llamamos quienes la queremos y admiramos, es amiga, socia,
consejera y una gran soñadora que ha logrado hacer realidad
sus sueños. Se multiplica entre esposa, madre, administradora y
emprendedora para seguir apoyando a todos quienes recibimos
sus consejos y entusiasmo para seguir adelante y atrevernos a
lo que parece imposible. Ella es de esas personas que cuando
uno pone las palabras mujer y maravillosa en una sola oración,
debería añadirle (valga la redundancia) y poner su nombre junto
a la palabra Éxito.

—ALEX COSTA
Comediante/Actor y Productor Audiovisual
Propietario de "COMEDIA LATINA" -Costa Rica-

Antonina es una líder con ritmo! Como amiga y socia en los
eventos y negocios que desarrollamos juntos aquí en Los Ángeles
California con la Prensa Colombiana, puedo decir con certeza que
es una mujer con una energía inédita, que contagia a la gente que
está a su alrededor. Soy testigo que su labor como embajadora
de la cultura colombiana en LA a través de la música dejó una
semilla muy marcada del amor por su patria. Antonina, cuando
te fuiste dejaste un vacío q nunca se lleno, pero quedó tu huella
en los corazones de todos los que te conocimos.

—DAVID LEÓN
Empresario y Director de La Prensa Colombiana
Los Ángeles, California

Conozco a Antonina personalmente porque hemos compartido mucho tiempo juntas y hemos soñado juntas, por eso ver que uno de los sueños del que tanto hablamos se hizo una realidad es maravilloso. Cuando Antonina me envió el borrador y vi el titulo no pude más que pensar en cómo el título del libro la describía perfectamente. Antonina es una mujer exitosa que ha logrado aprender a balancear el amor por su familia, su trabajo y lograr sus sueños. ¡Tenemos mucho que aprender de ella!

—LEYLA VERA
Co-autora del libro *"GPS Guía para Solteros"*, Pastora principal de la iglesia Jesus Worship Community en Medellín, Colombia.

Me gustó mucho la manera muy sencilla y fácil de aplicar con la que Antonina explica los fundamentos para poner orden en tu vida y tener las bases para lograr lo que te propongas. Vivimos en una sociedad de consumo y al igual que Antonina muchísimas personas hemos caído en la trampa del consumismo y aprender a tener el control sobre el dinero o mejor dicho aprender a administrar los bienes que Dios nos da es la base para conseguir la tanto soñada libertad financiera. Definitivamente se lo recomiendo a todas la mujeres y creo que a los hombres también les sería de mucha ayuda la información que en este libro se comparte!

—CLAUDIA MACERO
Emprendedora, Coach, Líder, Networker Internacional

Recomiendo leer este libro, ya que faltan más personas como Antonina que empoderen a la mujer y apoyen en el proceso de sacar la mejor versión de ti. En mi carrera como emprendedor en la industria de los seguros he visto muchas personas estancadas, tocar un tope o no aprovechar su potencial. Debemos usar métodos que nos permitan creer en nosotros mismos y herramientas para que el emprendedor que hay en ti surja a la superficie. Este libro es una de esas herramientas y por eso lo recomiendo.

—Diego Escobar
Empresario

Conocemos a Antonina hace más de 10 años, en los cuales nos ha brindado sus servicios profesionales con mucha excelencia, amor, responsabilidad y dispuesta siempre a ayudar. Confiamos en ella no solo profesionalmente, sino en la sincera amistad que nos ha ofrecido todos estos años. Gracias Anto por todo lo que haces por nosotros y por nuestro negocio, te queremos mucho.

—Abel y Niuvis Fernández
Empresarios Safes Universe -Miami-

Cuando conocí a Antonina pude reconocer su potencial al ver que le ponía a su servicio un toque personal: amable, entusiasta y generadora de soluciones. El tenerla como amiga, hizo que confirmara mi primera impresión: nació para triunfar. Ahora su familia es parte de mi vida y creo que su espíritu indomable la llevará a tocar de forma positiva la vida de muchas personas. Ese es su legado y Dios le ha mostrado el camino, nada es fácil pero perseverando y con ayuda de los que nos aman todo se puede.

—Patricia Ramirez
Emprendedora, Abogada y Fiscal -Costa Rica-

Tengo más de nueve años de trabajar con Antonina. La primera vez que traté con ella en el campo profesional me quedé sorprendida por su empatía, y creatividad en sus diseños. Poco tiempo después de que realizó el primer proyecto para BJV ABOGADOS, pude corroborar en cada uno de los detalles del diseño de nuestra página web la experiencia y conocimiento que aplica a todos los proyectos en que participa. Sin duda ella es una aportación de alto valor para cualquier proyecto creativo de calidad que se quiera desarrollar, ella logra trasmitir en cada uno que emprende o renueva, el amor a su trabajo de una forma profesional y comprometida, sin duda lo que cualquier empresa necesita

—VIVIANA JIMÉNEZ
Directora Jurídica -BJV Abogados Costa Rica-

Antonina ha creado el estilo de vida que quiere con su familia sin dejar atrás su lado profesional. Desde que la conozco ha estado dispuesta ayudar a otras emprendedoras y estoy segura que seguirá impactando la vida de muchas más.

—CAROLINA MAGGI
Mamá Emprendedora y fundadora de Mamá 360 LLC -Miami-

El tiempo que he podido Compartir con Antonina he podido sentir su dedicación al servicio y su deseo de colaborar siempre, por su humildad y dedicación es deleitoso compartir con ella, me siento privilegiada de conocerla y es mi oración que el corazón De Dios sea revelado a su vida, disfruta el proceso eso es muy valioso!!!

—YAMILE BELL
On Air Talent- Couples Counselor. Lisa Woman Ministry -Miami-

Conozco a Antonina en el ambiente del emprendimiento y redes de mercadeo y puedo decir con certeza que es una persona con gran disciplina y liderazgo. Siempre dispuesta a ayudar, dar valor y a su crecimiento como persona y como profesional.

—BYRON VILLALOBOS
Networker Profesional. Coach de Bienestar

Antonina es una gran persona llena de valores, en la parte laboral

es muy trabajadora y emprendedora, pero una cualidad en ella es su don de servicio en cualquier situación si está a su alcance, ella moverá cielo y tierra para ayudar a la persona que lo necesite hasta obtenerlo. Esto, siempre nos ha causado gran admiración y sobretodo con el amor y la manera incondicional como lo hace. Tenemos años de conocerla a ella y a su familia y nos sentimos honrados de tan grata amistad.

—CARLOS CASTRO Y PATRICIA SABORÍO
Empresaios -Costa Rica-

Creo fervientemente que los hijos son reflejo inequívoco de su hogar. He tenido el placer de ser profesora de violín de Ramses David el hijo de Antonina desde hace un poco más de 5 años y en él puedo ver los valores familiares y ciudadanos que ella y su esposo han inculcado en el, formando así una familia que es, sin duda, un ejemplo a seguir!

—DANIELA PADRÓN
Violinista, Maestra y Directora de Orquesta

Antonina es una madre dedicada y educadora en el hogar. Que privilegio ha sido ver su devoción por su familia y ver como el Señor la ha usado para su reino. Una mujer increíble a la que puedo llamar mi amiga.

—MELLISA BALABAN
Homeschooling madre de 3

Antonina es una excelente maestra, sus cursos son un éxito! Ella enseña muy bien y he aprendido muchísimo con ella. Gracias a eso he podido promover mi negocio mejorar y lograr mis metas. Les recomiendo a todos que tomen clases con ella porque les ayudará mucho. Gracias Anto, eres muy especial!

—Madelyn Hoyos Edwards
Realtor y Empresaria Miami, Florida

Conocí a la señora Antonina en la iglesia cuándo me fue asignada como mentora. Ella fue una bendición para mí, puesto que recién me había incorporado a la iglesia y fue en las reuniones de mujeres con Antonina donde comprendí la visión que nuestro pastor y líderes tenían para la iglesia. Eso fue muy útil para mí y mi familia ya que veníamos de Cuba de otra Iglesia y ese cambio afectó a toda mi familia porque no encontrábamos una iglesia donde pudiéramos sentir que era nuestro llamado. Estábamos en esa búsqueda cuando por bendición para nosotros me pusieron por mentora a la hermana Antonina, Dios la usó para mostrarnos el camino porque pienso que un mentor no es solo para ayudarnos con la palabra de Dios sino también para ayudarnos a encontrar nuestro propósito, nuestro lugar en la obra de Dios y eso fue lo que la hermana hizo conmigo en aquel grupo de mujeres y que luego yo pude transmitirle al resto de mi familia. Finalmente pudimos mi familia y yo incorporarnos a plenitud en esta iglesia y encontrar nuestro lugar en la obra de Dios. Hermana querida Te deseo lo mejor y yo sé que los pensamientos que Dios tiene acerca de ti son pensamientos de paz y no de mal para darte el fin qué esperas bendiciones.

—Maribel Garcia Hernández
CNA en Vitas healthcare.

SI TIENES SUEÑOS, ATRÉVETE A LOGRARLOS

HÁBITOS DE UNA MUJER EXITOSA

ANTONINA ARAYA

Hábitos de una mujer exitosa
Primera Edición 2020
Copyright © Antonina Araya, 2020
Miami, FL. Estados Unidos de América

Diseño de portada: Mauricio Diaz
Correcciones: Gabriel Rodríguez / Filólogos de Costa Rica
Fotografía y gráficos: Familia Araya
Página web del autor: www.habitosmujerexitosa.com

Todas las citas bíblicas, al menos que se indique lo contrario, fueron tomadas de la Reina-Valera © 1960 Sociedades Bíblicas en América Latina.

ISBN: 978-1-7345381-2-0

AGRADECIMIENTOS

Al que merece toda la gloria y honra, mi inspirador, mi maestro, mi guía, mi salvador, mi todo, a Dios Padre, Hijo y Espíritu Santo, por que sin ellos mi vida no tendría sentido.

A mi compañero de vida incondicional, mi cobertura, mi confidente, mi esposo Ramses, gracias por estar siempre ahí apoyándome en cada proyecto, Te Amo.

A mis hijos Ramses y Shenoa, por ser mi fortaleza, el motor de mis días y el más grande tesoro que Dios puso a mi cuidado.

A mi mamá, mi hermano y demás familiares que estuvieron dándome su apoyo incondicional en todo este proceso de escritura y publicación.

A mi tío Gabriel Rodríguez, por dedicar tantas horas de su valioso tiempo a la corrección de este libro.

A mis pastores Frank y Zayda López, por sus consejos, apoyo, por ser mi cobertura espiritual y mi ejemplo de prudencia, de respeto y amor al prójimo

A Alex Costa y Rebeca Núñez, gracias por su amistad, su confianza, por creer en mí y por su apoyo económico para que este proyecto saliera adelante.

A Claudio de Oliveira de editorial Peniel, por confiar en mi trabajo y por todo su apoyo en la publicación de esta obra.

A Filólogos de Costa Rica por su trabajo profesional de corrección de ortografía.

A Alejandra Veder por sus enseñanzas y por impulsarme en mis primeros pasos como escritora.

A Leyla Vera, Rebeca Tercero, Patricia Ramírez y Zarela Flores por ser mis hermanas de vida escogidas y por cada idea, corrección, apoyo y aporte a este proyecto.

A socios, colegas, clientes y personal administrativo de la Familia Kyäni, por creer en mí y confiar en mi trabajo, especialmente a mi mentor Félix Hernández.

A los miembros de la Iglesia Doral Jesús Worship Center que estuvieron ahí conmigo, orando y dándome aliento cuando mis fuerzas se acababan, especialmente a Claudia y Brady Valdés, Amalfi Blanco, Ernesto y Juani García y al grupo de mujeres de estudio bíblico.

A todos los medios de comunicación que me han apoyado con su cobertura, especialmente a David León de la prensa Colombiana en los Ángeles California y a Glenda Medina de Repretel en Costa Rica.

Finalmente y no por ser lo menos importante, quiero dar gracias especiales a cada una de las niñas de la Posada de Belén en Costa Rica, por permitirme ser parte de sus vidas y por tomar la decisión de cambiar su pasado y luchar por un mejor futuro para ustedes y sus bebés. Que Dios siempre sea el centro de sus vidas y las bendiga en abundancia.

Soy una mujer muy bendecida por cada uno de ustedes, por que cada uno ha influenciado, apoyado o ha sido parte de mi vida y de este proyecto de una u otra forma, siempre estaré muy agradecida a Dios por sus vidas.

CONTENIDO

INTRODUCCIÓN

Siempre soñé con escribir un libro, sin embargo, nunca imaginé verlo hecho realidad. Cuando comencé a escribir, el miedo, las inseguridades y las preguntas que rondaban mi mente no me permitían terminar la primera línea: ¿será del agrado de los lectores?, ¿llegará a un gran número de mujeres? y la que más perturbaba mi mente: ¿estoy lista para empezar? Todos esos miedos e inseguridades por largo tiempo bloquearon la bendición de ver realizado el sueño de escribir este libro. Así que, sobreponiéndome a mis miedos e inseguridades, empecé a hilvanar y a poner en "blanco y negro" todo lo que tenía en mi cabeza, producto de años de experiencias personales, familiares y laborales, lecturas, títulos logrados y el ejemplo de grandes mentores y personas que me habían ayudado en el pasado (y me ayudan en la actualidad) a ser la mujer que hoy en día soy.

Con persistencia oré a Dios para que me permitiera con este libro bendecir a otras mujeres que se sienten como yo me sentía, que afrontan ciertas circunstancias y desean vivir un proceso de mejoramiento y cumplimiento de sus metas. Para ustedes este mensaje:

No tengan miedo, atrévanse a hacer cosas grandes; el mundo necesita hoy en día mujeres decididas y empoderadas que dejen un legado para las próximas generaciones.

Este libro está dirigido a mujeres emprendedoras, trabajadoras y amas de casa, profesionales o no, que quieren salir adelante, cambiar su futuro, cumplir sus sueños. Por ustedes y para ustedes lo escribí, para decirles que todo lo que nos propongamos en la vida lo podemos lograr y que aun con miedos e inseguridades debemos convertir esos sueños en realidad. No olviden la frase de Paulo Coelho:

"Valentía no es la ausencia de miedo, sino la fortaleza de seguir adelante a pesar del miedo".

Durante el transcurso de los nueve capítulos que integran el libro, encontrarás espacios de trabajo y líneas para escribir, deseo que los aproveches de la mejor manera y escribas en ellos siendo totalmente sincera contigo misma; la escritura activa mecanismos neuronales en nuestro cerebro que ayudan a liberar emociones, ordenar nuestras ideas o reestructurar nuestros pensamientos y conecta con nuestro subconsciente, a veces de forma casi automática, por lo que escribir tus respuestas es un medio para llegar a emociones que de otra forma no serían accesibles.

El libro contiene enseñanzas impartidas por grandes maestros y líderes mundialmente reconocidos, cursos de alto valor y el relato de experiencias personales parafraseadas, analizadas, sintetizadas y contextualizadas. Así que, si deseas que todo lo que está escrito aquí sirva para tu vida, debes escribir con la mayor sinceridad. Si necesitas más espacio, te recomiendo tomar un cuaderno de trabajo, te aseguro que, después de terminar el último capítulo, tendrás un mejor conocimiento de lo que representa hoy tu vida y lo que será en el futuro, así como la planificación de tus metas y del camino por tomar para lograr tus sueños.

Capítulo 1

DIOS EL CENTRO DE MI VIDA

¿POR QUÉ HÁBITOS DE UNA MUJER EXITOSA?

Con frecuencia suelo escuchar a otras personas cuestionarse a sí mismas sobre si son exitosas o no. Observan modelos de personas identificadas en la sociedad como exitosas y se comparan con ellas. Escuchan y aceptan prototipos de personas allegadas que les dicen cómo debe ser su vida y qué hacer para llegar a ser exitosos. Yo me pregunto si realmente en algún momento llegarán a sentirse exitosos según esos estándares que se permitieron imponer de otros y en muchos casos lograron. Lograr el éxito o no se ha convertido hoy en día en un tema con mucha controversia y difícil de definir concretamente, pues, mientras seamos seres únicos e inigualables, será imposible asignar una misma definición de éxito para todos.

Todos conocemos una o varias historias de diferentes tipos de personas que han logrado tener éxito en su vida o han sido famosas. En lugar de hablar de éxito personal o fama, yo hablaría de legado, ya que legado habla de muchos aspectos, no solo en lo material o económico, sino en lo intelectual, valores, hábitos y creencias que se heredan o traspasan de una generación o persona a otra. Muchos hablan de éxito refiriéndose a conseguir mucho dinero, pero en mi caso y en este libro, nuestro enfoque estará más inclinado hacia cómo lograremos crear hábitos diarios que nos permitan dejar un gran legado a otras personas, desarrollándonos y haciendo lo que realmente nos hace felices y llenos de satisfacción personal.

El concepto éxito viene del latín *exitus* que significa final o término de algo; veamos a continuación algunas definiciones elaboradas por personas que sienten haber alcanzado el éxito en su vida: para John Maxwell: "El éxito es como conocer tu propósito en la vida, crecer para alcanzar tu máximo potencial y sembrar semillas que beneficien a otros"; según Paulo Coelho: "Éxito es irse a la cama cada noche con tu conciencia en paz"; un estudiante de Ingeniería escribió alguna vez en un desarrollo de un proceso académico: "Éxito es trabajar en la NASA"; a Warren Buffet, mayor accionista, presidente y CEO de Berkshire Hathaway, le escuché afirmar alguna vez en una de sus conferencias: "Ser exitoso no se mide con cuánto dinero tengas, sino con la cantidad de amigos que tengas, si esas personas cercanas a ti son felices y te aman". "Vender mis pinturas y ganar plata me hizo muy feliz", me comentó mi hija de 8 años cuando le pregunté que era éxito para ella.

Ten presente que la noción de éxito es polisémica: desde millonarios famosos, pasando por empresarios, amas de casas, emprendedores, artistas, escritores, hasta un niño; el éxito significa y se mide de maneras diferentes. Aclaremos, antes que nada, que el éxito puede ser o no sinónimo de riqueza, de acuerdo con la definición del que lo desea; de ahí parte el mayor número de confusiones que se relacionan al definir a una persona como exitosa o no. Puede que seas de esas mujeres que no se han detenido a pensar realmente qué es el éxito; o tal vez seas una emprendedora que ya tiene definido a dónde quiere llegar. Sea cual sea tu caso, voy a aportarte ideas de lo que podría ayudarte a definir o reestructurar lo que sería el éxito para ti.

Lograr tu propósito de vida, ayudar a otros, ser millonaria, ser feliz, tener muchos amigos, tener un mejor trabajo, vivir como quieras, etc., son resultado de acciones que alguien realizó, es decir, ser exitoso es la consecución o finalización de una meta deseada, definida y realizada. Una vez cumplida esa meta, el exitoso no debe llenarse de orgullo ni creerse más que los demás. Por otro lado, comprende que, para haber logrado ese éxito, tuvo que saber realmente qué deseaba alcanzar en los ámbitos profesional, personal, económico y social. No existe una planificación al éxito buena o mala (no se trata de un maniqueísmo); serán tus propias metas o deseos, las que realmente te hagan feliz, las que tendrán el verdadero significado de éxito para ti. Por eso mismo, el éxito se define y se mide de diferente forma para cada persona. Entonces, responde:

¿QUÉ ES EL ÉXITO PARA TI?

_____

_____

_____

_____

_____

_____

_____

Una vez resuelta esta interrogante esencial, podrás construir un plan, programa o proyecto y dedicar todos los esfuerzos a ejecutarlo y lograrlo.

En lo que corresponde a la noción de hábito, según el Diccionario de la Real Academia Española, un hábito es un modo especial de proceder o conducirse adquirido por repetición de actos iguales o semejantes u originado por tendencias instintivas; en otras palabras, podemos decir que es algo que hacemos automáticamente porque lo hemos repetido con frecuencia. La manera como vamos a abarcar este concepto de los hábitos es detectar aquellos que no nos ayudan a cumplir las metas y sustituirlos por nuevas conductas repetidas diariamente que te pongan en el camino correcto del éxito.

Te mostraré los hábitos que más me han funcionado en el caminar del emprendimiento; también conocerás mis errores y mis aciertos. Los primeros podrás evitarlos; de los segundos, quizás, puedas aplicar a tu vida los que más se adapten a ti. Te prometo dar lo mejor de mí, de la manera más sincera y transparente posible; no te enseñaré atajos, pues no creo en ellos si se desea crear bases consistentes para formar un futuro sólido. La meta al enseñarte estos hábitos es que aprendas a callar el ruido externo de todo lo que te ha impedido cumplir tus metas y dirigirte por un nuevo camino y variedad de métodos que nos lleven conjuntamente a otros niveles de superación.

En la actualidad, la mayoría vivimos con un alto voltaje de exigencia social, compromisos y falta de tiempo. La tecnología, las ocupaciones diarias, la familia, el hogar, el trabajo o las redes sociales hacen que nuestras vidas pasen más rápido de lo que pensamos, incluso a veces ni somos conscientes de ello. Me encantan los avances tecnológicos que nos hacen la vida más fácil y me siento bendecida de vivir en esta época, pero a muchos la vida se les está pasando de prisa y no están llegando a ningún lado. La velocidad es buena cuando vamos en la dirección correcta y nuestros planes ya están trazados, de lo contrario, estaríamos perdiendo nuestro valioso tiempo muy rápido y lamentablemente es lo único que no regresa. Por eso, primero tenemos que hacer un alto a lo que venimos haciendo y redefinir nuestras prioridades; igual, la vida va a pasar muy rápido y, en ese caso, es mejor caminar en pos de esas metas y así continuar en ese imparable caminar, pero en la dirección correcta.

En síntesis, si ya sabemos que un hábito es algo que hacemos repetidamente y éxito son todos los deseos logrados que te hacen feliz, vamos a aprender cómo expulsarás de tu vida los hábitos que no te han hecho feliz y los sustituirás por otros que te conviertan en una mujer exitosa según tu propia definición; no te preocupes, yo te apoyaré en todo el proceso y este libro será tu coadyuvarte en el proceso de adquisición de hábitos para lograr ser una mujer exitosa y proponerte estrategias de autodesarrollo que faciliten tu plena realización en todos los campos de la vida. Oro a Dios para que este libro sea de bendición en tu vida. Así que abre tu corazón a toda esta enseñanza, toma tu cuaderno y manos a la obra.

LA VIDA DE LA SOÑADORA, TRABAJADORA Y AMANTE DE SU FAMILIA

Aunque mi familia no era originaria de este lugar, yo nací en un municipio llamado Villeta, ubicado en el Departamento de Cundinamarca, República de Colombia, un pueblo al que quiero mucho y al que llevo en mi corazón, de ahí vienen mis raíces. Mi mamá nació en un Departamento que se llama Antioquia, mi papá era de

Bogotá Distrito Capital. Nací en ese pueblo en unas circunstancias realmente milagrosas y muchas personas fueron testigo de las maravillas que Dios hace con sus hijos.

"Tú eres el Dios que hace maravillas; Hiciste notorio en los pueblos tu poder" Salmos 77:14.

Durante la fiesta del primer cumpleaños de mi hermano, en un pueblo cercano a Villeta, mi mamá se fue al hospital con dolores de parto; cuando empezó el proceso del parto, realmente no logré salir bien, salió solo mi brazo derecho y mi cuerpo se trabó. El pueblo era pequeño y no existían las condiciones necesarias para una operación; decidieron trasladar a mi mamá al pueblo más cercano y con mejores condiciones para la cirugía, pero era sábado en la noche y no había ambulancia. La ambulancia del único hospital del pueblo estaba dañada, ¿pueden creer eso? Sé que suena a novela que no tengan ambulancia en un hospital, pero esa fue nuestra realidad esa noche. Así que mi mamá y mi papá tomaron un taxi para viajar a otro pueblo y que un doctor la operara. Cuando llegaron al hospital, el único doctor que realizaba cesáreas estaba descansando y regresaba hasta el lunes.

Mi mamá, en condición crítica de salud, con pérdida del líquido amniótico, sin sentir más movimientos en su vientre, después de recibir la noticia de que su bebé ya no presentaba signos de vida, debió esperar al lunes en la mañana para ser operada. Esa mañana mi mamá casi fallece y cuando lograron sacar mi supuesto cuerpo sin vida, totalmente morado y sin respiración, todos los médicos en esa sala de operaciones se enfocaron solo en salvar la vida de mi madre; una vez mi mamá estabilizada, una enfermera notó algo en mí y comenzó a gritar pidiendo ayuda para resucitarme con choques eléctricos, así fue como logré respirar con todo mi cuerpo extremadamente débil. El médico con toda su experiencia y conocimientos no pudo entender como me encontraba con vida después de dos días en esas condiciones, me dio un mes de vida y en caso de sobrevivir ese mes, estaría destinada a una vida con discapacidades múltiples, retardo mental y hasta deformaciones, ya que mis órganos sufrieron importantes daños irreparables. Ese fue el diagnóstico médico, pero Dios tenía otro para mí.

"Porque mis pensamientos no son vuestros pensamientos, ni vuestros caminos mis caminos, dijo Jehová" Isaías 55:8.

Ninguna parte de ese diagnóstico humano se cumplió, aunque médicamente no tenga explicación, Dios trabaja de manera sobrenatural y es solo por su gracia y misericordia que hoy les estoy contando mi historia y que les puedo decir que Dios ese día tenía un gran propósito de mantenerme viva. Crecí siendo una niña muy traviesa, decidida y muy saludable. Mis padres se divorciaron cuando yo tenía 9 años y mi mamá sin nunca haber trabajado, se hizo cargo de su casa; ha sido la mejor cabeza de hogar y la mejor proveedora para mi hermano y para mí, nunca nos faltó nada, aún hoy en día continúa dando lo mejor de ella para nosotros sus hijos y nietos.

Siempre en nuestra familia nos enseñaron valores, principios y el respeto por el otro; mi mamá nos modeló el valor del trabajo y cómo salir adelante, cosa que aprendí siguiendo su empuje, su liderazgo, su esfuerzo, su dedicación y su disciplina para poder sacar adelante a una familia. Así fue como desde pequeña me gustó hacer cosas diferentes, tal vez de manera inconsciente, porque el concepto de emprendimiento estaba lejos de escucharse, pero hoy en día veo que fueron determinantes para construir las bases de la persona que soy. Yo era la vendedora de mi salón de clase, también era la que se ofrecía a organizar los bailes y actividades del colegio, además, era premiada por ser una de las mejores estudiantes. Cuando cumplí mis quince años, no pedí la típica gran fiesta que a todas mis amigas les hacían, solicité una computadora, sí, una computadora. Aunque suene hoy en día algo muy básico, en ese tiempo y en ese pueblo era toda una novedad y lujo que existiera una computadora en una casa, ni siquiera la palabra internet se escuchaba. Con un simple diseño, empecé a imprimir los nombres de mis amigas en letras grandes que ocupaban más de tres hojas pegadas horizontalmente con cinta transparente para colgar en la pared de sus cuartos; eso fue una gran novedad en ese momento y fue así como lo convertí en todo un negocio.

Durante los últimos siete años del colegio, pertenecí al equipo de natación y grupo de danza folklórica del municipio, con estos grupos viajé por varias ciudades del país y llegué a competir en varios encuentros nacionales y regionales, fueron años de duro entrenamiento, disciplina y esfuerzo físico.

Inmediatamente después de que terminé el colegio, salí de mi casa a vivir a la capital, a estudiar una carrera universitaria. Ya sin los cuidados, amor y comidita de mamá, comenzó mi vida a independizarse. Tenía dos años de carrera universitaria cuando mi mamá decidió que nos mudaríamos a vivir a Costa Rica; yo tenía entonces 19 años y fue un cambio fuerte en la alimentación, la cultura, pero sobre todo dejar atrás familia, amigos y en fin todo lo que era mi vida.

Costa Rica se convirtió en mi segundo país, es mi segunda patria, así lo siento, no solo porque ahí viví, sino porque en Costa Rica terminé mis estudios universitarios. A los 20 años conocí al percusionista más talentoso de ese país, un hombre lleno de cosas maravillosas, aquel que me enseñó que, si un problema tiene solución, no me preocupe y si no tiene solución, pues tampoco me tengo que preocupar; con él aprendí a ser libre de apariencias y del qué dirán o piensen de mí los demás. Ese hombre hoy es mi compañero de vida, mi esposo, padre de mis hijos y la persona con la que hemos construido una hermosa familia, una familia que ha pasado por dificultades, pero que siempre ha salido adelante.

Pocos meses después de casados, nació nuestro primer hijo, Ramsés David, un niño increíble, de gran corazón, un niño muy especial y súper talentoso como su padre. Unos años después, nos mudamos a vivir a Estados Unidos, esta tierra bendita donde Dios nos trajo como familia y que hoy en día bendecimos y amamos por permitirnos seguir creciendo personal, profesional y económicamente.

Con tan solo 25 años, una hermosa familia y muchos sueños, llegamos a Los Ángeles, California; una nueva etapa en mi vida, nuevo país, leyes, mezcla de diferentes culturas, idiomas, enfrentarnos al famoso "Sueño Americano", búsqueda de trabajo y a dejar a mi hijo en una guardería. A los pocos meses de haber llegado, emprendí mis propios proyectos, formé mi propio grupo de danza folklórica colombiana y junto a un gran amigo y empresario David León creamos un certamen de belleza, donde nos enfocamos en promocionar la cultura colombiana; fueron dos proyectos que sacaron lo mejor de mí, aprendí de otros y crecí en todos los aspectos de mi vida. Pensaba que lo tenía todo, me sentía realizada personal, económica y profesionalmente, pero Dios estaba en el último plano de mi vida, no obstante, Él tenía otros planes para mí. *"Porque yo sé los pensamientos que tengo acerca de vosotros, dice Jehová, pensamientos de paz, y no de mal, para daros el fin que esperáis"* Jeremías 29:11. La promesa de que viviríamos en la ciudad de Miami, Dios se la había ya dado a mi esposo años atrás; por supuesto que eso no era aceptable para mí en ese momento, pero Dios le dio la sabiduría para hacerme cambiar de opinión muy pronto. Debo agradecerle a mi amado que me llevara a una iglesia cristiana, donde identifiqué que mi vida no era nada mientras no tuviera a Jesús en mi corazón, decidí aceptarlo en mi vida y ponerlo como dueño y Señor de todo lo que yo era.

Nunca olvidaré ese diciembre del 2009, a menos de un semana de haber llegado a Miami, ya estaba escrito que nuestras vidas tendrían un antes y un después de esa fecha. Esa primera semana, saliendo del apartamento que un gran amigo nos prestó para llegar mientras conseguíamos nuestra casa, una ex compañera del colegio de mi esposo lo reconoció y nos invitó a conocer a su familia, quienes vivían justo en el mismo edificio que el nuestro. ¡Qué gran sorpresa y alegría fue conocer a nuestros primeros amigos de la ciudad! Amigos que hoy en día son nuestra familia por elección. Ellos se enfocaron en ayudarnos arduamente en nuestros inicios, pero la mayor ayuda fue habernos presentado la iglesia que hoy en día es nuestra casa espiritual, donde hemos aprendido la palabra de Dios de grandes maestros; nuestro matrimonio fue restaurado y nuestras vidas tomaron un nuevo camino trazado y guiado por Dios.

Aprendimos que no somos nosotros, no son nuestros deseos, pensamientos, creencias, decisiones, sino lo que Dios quiere para nuestras vidas, con base en lo que nos dejó escrito en su palabra.

Estaba en mi mejor momento y conexión con Dios, viviendo a plenitud mi relación con aquel que me liberó de miedos, frustraciones, rencores y me enseñó a vivir en abundancia. Después de unos años de aprendizaje, tuve la gran responsabilidad y bendición de ser mentora de otras mujeres de la iglesia. **Esa experiencia ha sido la más enriquecedora y maravillosa de todo lo que he vivido, me sentía una mujer completamente exitosa, un tiempo para crear, aprender, enseñar y cumplir mi propósito de vida.**

Viviendo esos tiempos lindos, en el 2011, después de 7 años de estar pidiendo a Dios y a mi esposo un segundo hijo, nace nuestra princesa, Shenoa, la lucecita que hacía falta en mi hogar, una niña súper alegre, extrovertida, de grandes sentimientos, tierna y a la vez con un carácter bien definido, segura de sí misma y decidida a lograr todo lo que se propone.

Empezaron a pasar los años. Me dediqué y disfruté ser mamá tiempo completo, pero entré en un estado de comodidad, conformismo y mis sueños y prioridades se enfocaron completamente en mis hijos; todo giraba en torno a ellos, respiraba y vivía por ellos. No quiero decir que fue algo malo, por el contrario, agradezco a Dios ese tiempo de calidad que pude brindarles, pero había dejado atrás a esa mujer emprendedora y soñadora que siempre fui. A pesar de que creía que todo en mi vida era bueno y maravilloso, Dios tenía planes aún más grandes para mí y me quería fuera de esa zona cómoda donde me encontraba; fue así como comenzaron sucesos familiares que movieron mi realidad.

Primero falleció mi suegra durante unas vacaciones en Orlando, justo el 01 de enero, unos minutos después de celebrar el Año Nuevo juntos en familia; fue un suceso que impactó mucho mi vida emocional y la estabilidad de toda la familia. A los diez meses mi esposo sufrió dos infartos que casi lo llevan a la muerte; experimentamos escasez económica y lo peor de todo, mi matrimonio cayó en crisis, nunca había experimentado algo así en mi vida, me sentía triste, vacía y con todo mi mundo cayéndose a pedazos. Estoy segura de que era momento de aprender un par de lecciones para corregir mi carácter y llevarme a mi siguiente nivel de crecimiento; la palabra de Dios fue la guía y el restaurador que necesitábamos. Alejarse de Dios es muy fácil, el mundo siempre nos hala para ese lado y el enemigo de la prosperidad está siempre haciendo cosas para llenar nuestra mente de pensamientos de conformismo, de escasez y de pobreza, y así impedirnos cumplir nuestro propósito de vida y vivir plenamente como Dios desea.

Los seres humanos no vivimos buenos o malos momentos, simplemente son oportunidades para crecer y ser mejores; TODO lo que vivimos o cargamos es por y para algo. Ustedes deben haber escuchado un dicho según el cual dice que **lo que resistes, persiste;** cada situación incómoda, dolorosa o frustrante que vivimos, por más que humanamente no veamos su lado bueno, nos está enseñando algo y mientras no veamos ese porqué de las cosas o razón, la circunstancia continuará pasando muchas veces con personas o lugares diferentes, pero será la misma oportunidad para superarla. Un ejemplo de esto sería una persona que cambia constantemente de trabajo porque siempre tiene problemas con su jefe; piensa para él que el problema es su mala suerte de no encontrar un trabajo con un buen jefe, sin embargo, la verdad está muy lejos de la que él cree es la razón de su problema; la única variable constante en todos sus trabajos ha sido él mismo, así que, mientras no entienda que algo Dios le está mostrando en cada situación, con cada jefe que ha tenido y modele o corrija su actitud, seguirá perdiendo y cambiando de trabajos.

Dios siempre ha estado en cada uno de los pasos en mi vida; aun cuando más sola y triste me he sentido, su misericordia y amor me han dado las fuerzas para seguir. La única razón de sentirme sola en esos momentos ha sido cuando le he dado la espalda, he tratado de hacer las cosas a mi manera y con mis fuerzas. No importa cuántas veces falle o caiga, Él siempre estará a mi lado. **Así que después de experimentar su gran amor y misericordia, te puedo decir que la mejor manera de seguir mi camino ha sido creyéndole y experimentando la felicidad que solo se siente cuando nos llenamos con su presencia.**

Todos los seres humanos deberíamos vivir felices, lamentablemente, muchos no lo son. Los afanes de la vida no les permiten ver sus grandes bendiciones ni disfrutar el corto paso por esta tierra. Aun conociendo la palabra de Dios, muchos hemos caído en ese desasosiego. Me atrevo a afirmar que, a pesar de nuestra imperfección como humanos, Dios tiene un plan perfecto de gozo y paz para cada uno de nosotros.

El ladrón no viene sino para hurtar y matar y destruir; yo he venido para que tengan vida, y para que la tengan en abundancia. Juan 10:10

Aunque todos conocemos la palabra *vida* refiriéndose al aspecto biológico, **la Biblia nos habla de que Jesús es la vida, el principio y el fin de todo ser humano y vino a este mundo para que todo aquel que crea en Él tenga vida eterna. Ese es el verdadero sentido de la vida, encontrar a Jesús y seguirle.** Yo perdí mucho tiempo y momentos inolvidables por no saber cómo tener gozo en los momentos estresantes de mi vida. No entendía que las cosas no eran a mi tiempo, sino en su tiempo; que aún en los momentos malos podía tener gozo, porque el gozo es una decisión espiritual que ninguna persona o circunstancia puede detener.

No son las personas o las circunstancias de tu entorno las que determinarán tu vida, será de lo que llenes tu corazón y la manera cómo reaccionas a estas circunstancias lo que lo determinará.

Escuché muchas prédicas, libros y consejos de personas sabias y ungidas de Dios, quienes decían que la respuesta a todos mis problemas y guía de mi vida la encontraría en la Biblia. También entendía que solo esa relación profunda y sincera a solas con Dios me daría las respuestas a tantas preguntas o peticiones que tenía. Lo único que deseaba en mi vida era agradar a Dios y seguir los pasos de Jesús, pero continuaba con algunos vacíos y problemas de conducta sin resolver. Aunque me falta mucho por cambiar y todos los día me esfuerzo por ser mejor, fue solo cuando logré entender la manera de cómo Dios me hablaba a través de su palabra, que mi vida tuvo un significativo cambio. Cuanto más tiempo pasaba a solas con Él, me llenaba de su palabra y memorizaba versículos bíblicos, tenía más para declarar cuando venían a mi mente pensamientos de desesperación, frustración, miedo o inseguridad, aprendí cómo tener gozo aún en las dificultades, la guía para tomar decisiones y respuesta a todas mis preguntas.

También aprendí a ser paciente conmigo misma, a perdonarme y a recibir la gracia de Dios en lugar de la autocondenación, porque aún continúo y continuaré cometiendo errores, pero ahora entiendo que nunca seré una mujer perfecta y que, en cada uno de mis defectos y debilidades, Dios se glorifica y me fortalece. Los pensamientos o declaraciones negativas en contra de ti misma nunca te llevarán a superarte, por el contrario, te atrasan y te encierran en un círculo que no te permitirá salir. Si Jesús llevó a cuestas nuestros pecados y murió en la cruz para nuestra salvación, no tiene que haber una doble condenación. Así como su misericordia es nueva cada mañana, nos limpia del pecado y así como perdonamos a otros, nosotras mismas tenemos que liberarnos de nuestras faltas y vivir según el Espíritu.

> *"Ahora, pues, ninguna condenación hay para los que están en Cristo Jesús, los que no andan conforme a la carne, sino conforme al Espíritu. Porque la ley del Espíritu de vida en Cristo Jesús me ha librado de la ley del pecado y de la muerte. Porque lo que era imposible para la ley, por cuanto era débil por la carne, Dios, enviando a su Hijo en semejanza de carne de pecado y a causa del pecado, condenó al pecado en la carne; para que la justicia de la ley se cumpliese en nosotros, que no andamos conforme a la carne, sino conforme al Espíritu." Romanos 8:1-4*

Esa fue la llave clave que finalmente encontré para ver oportunidades en lugar de problemas, abundancia en lugar de escasez, bendiciones en lugar de miseria, perdón en lugar de ofensas, aprendizaje y crecimiento en lugar de niños malportados, tranquilidad en lugar de angustia y a poder declararme hoy en día una mujer exitosa, con sueños por cumplir aún, pero más que agradecida con todo lo que tengo y lo que soy.

Muchas personas podrán negar la existencia de Dios o dudar de que la Biblia es la misma palabra de Dios, no porque Él no exista, sino por que, lamentablemente, jamás han podido experimentar su amor. Si no lo pueden ver ni tocar, entonces no existe. Es como el que no cree en el amor, solo porque le ha ido mal en sus relaciones, lo han decepcionado muchas veces o simplemente no ha amado a nadie. El creer en Dios va más allá de eso, es sentir su presencia, su amor, que ya no estamos solos y que en Él podemos descansar. Solo con ver la transformación y las cosas que Dios ha hecho en mi vida y en la de millones de personas alrededor del mundo bastaría para creerlo. Dios y su palabra han sido lo único capaz de cambiar personas realmente, pero antes debemos someter nuestra voluntad a la suya y reconocer su Señorío, conocerlo y establecer una relación íntima y estrecha con Él, porque no se puede creer en lo que no se conoce, y la clave para conocerlo es leer su Palabra y orar diariamente. Si tú quieres hacerlo, pero no estás segura de cómo ponerlo en palabras, esto te puede ayudar (dilo en voz alta): "Jesús, tú conoces mi vida mejor que nadie, te pido que me perdones por todos mis pecados, me arrepiento, ayúdame a cambiar todo lo malo que me aleja de ti y enséñame a ser como tú. Gracias por morir por mí y darme vida eterna. Reconozco que no soy nada sin ti. De ahora en adelante guía mi camino y llévame de tu mano. Amén". El arrepentimiento es el inicio de una nueva vida y Dios estará feliz de obrar en tu vida para tu transformación en Cristo.

Mi objetivo con este libro es que tú, mamá, esposa, trabajadora, ama de casa, emprendedora y soñadora, que estás leyendo estas líneas, que viviste algunas de las situaciones personales que narré anteriormente, inviertas mejor tu tiempo y que identifiques las áreas improductivas en tu vida. **Tendrás todo lo que necesites para tener éxito en la medida que confíes en la instrucción del Espíritu Santo, así, tomarás decisiones sabias que te acercarán a tu objetivo.** Si tienes esa chispa en tu corazón de querer hacer cosas diferentes, de querer revivir tus sueños, desarrollar algún proyecto, te sientes sola o no sabes por dónde empezar, termina de leer hasta el final cada capítulo de este libro y déjate llevar de la mano, paso a paso, con herramientas y sugerencias para que tú también puedas lograrlo.

La vida es un camino de no terminar, de ir mejorando y de esforzarnos cada día para ser mejores.

Así que te invito a que sigas cada una de las sugerencias y de los pasos que te doy aquí porque realmente a mí me sirvieron; y créeme que, si una persona como yo, con poca disciplina, estudiando y trabajando desde su casa, con dos niños todo el día con ella y actividades extracurriculares todos los días, a cargo de los quehaceres de su casa, sirviendo en su iglesia, un esposo músico (artista), muchos sueños y pocos resultados, lo ha logrado, tú también lo vas a poder lograr. ¡Créemelo!

Capítulo 2

MI ESPOSO, LOS HIJOS Y EL HOGAR

El tener una familia saludable y funcional debería ser la prioridad que consuma a cualquier mujer, es más, a cualquier persona, entidad o gobierno, sin embargo, en la mayoría de los casos sus prioridades son otras menos relevantes. Si las mujeres fuéramos perfectas, entonces solo existirían matrimonios e hijos perfectos, felices y capaces de convivir en paz en la sociedad, pero la verdad es que no estamos ni cerca de serlo. Es difícil ser una buena esposa y madre, aunque amo y disfruto serlo, con frecuencia me asaltan momentos de frustración y deseos de salir corriendo. Para bien o para mal, somos responsables de mucho más de lo que pensábamos cuando decidimos formar una familia. En el hogar tenemos una gran responsabilidad, también tenemos el papel más lindo y lleno de gratificaciones, somos privilegiadas de ser mujeres.

Nuestro esposo y los hijos desempeñan un papel importante e indispensable en el fortalecimiento de nuestro emprendimiento; contar con su apoyo también es base fundamental para nuestro desarrollo profesional. Si las cosas en el hogar están desordenadas o hay problemas por las características de nuestra naturaleza femenina, no podremos dar nuestro 100% de productividad en las otras áreas; por eso, como prioridad debes esforzarte para que tengas un matrimonio saludable y una familia unida. La mayoría de nosotras somos atrevidas, decididas, autónomas y nos encanta organizar y dirigir nuestro hogar, pero la mayoría desconoce, al igual que yo cuando me case, que, para que las cosas funcionen en equilibrio y como Dios nos enseña en su palabra, debemos seguir un orden de principios e incorporarlos en nuestra vida diaria.

MANTENIENDO UN
MATRIMONIO SALUDABLE

Nuestro esposo debe ser el líder del hogar que modela con amor y hábitos correctos de vida; nosotras somos su ayuda idónea y las que le damos su lugar en el hogar. Los pastores Luis y Hannia Fernández afirman: **"La esencia del Código de Honor del Matrimonio es el Amor, entendido como una actitud de servicio, atención, apoyo incondicional e incluso con manifestaciones de sacrificio a favor del cónyuge".**

Todas las parejas pasan por momentos difíciles, en mi caso, me han dejado enseñanzas y me han hecho crecer como ser humano y especialmente como esposa, madre e hija. A pesar de no ver nada bueno en las crisis, una vez superadas, logro entender su razón de ser y que **toda crisis es una oportunidad de cambio, crecimiento personal, aprendizaje y un escalón más en el proceso de búsqueda permanente de la felicidad.**

Una de las cosas más difíciles de corregir en el caso de mi matrimonio ha sido moldear mi carácter; aún después de comprender todo lo malo que acarrea la falta de paciencia y de tolerancia, continúo en constante aprendizaje y mejoramiento. Hace aproximadamente 10 años, sin creer que lo necesitábamos (porque teníamos la certidumbre de estar bien como pareja), tomamos un curso para parejas, el cual fue clave e indispensable para comprender muchas cosas de orden familiar que ignorábamos y comenzar a usar herramientas en nuestra cotidianidad que nos ayudaron a manejar adecuadamente los problemas diarios. Desde entonces, el orar juntos antes de dormir, hacer y dar pequeñas cosas que alimenten diariamente nuestra relación, nunca dormir en camas separadas por más enojados que estemos, salir solos (no hijos) una vez a la semana y sobre todo esforzarnos cada uno por cumplir su papel respectivo en el hogar, han sido algunas de las prácticas que aprendimos y que nos han ayudado en toda instancia a permanecer más unidos y a decidir diariamente amarnos y respetarnos.

A través de la convivencia diaria con tu esposo tendrás la oportunidad de conocerte a ti misma y evolucionar como mujer, toma ventaja de cada situación a tu favor, aprende de tus errores y vive tu vida intensamente como si fuera el último día.

¿Sientes que no eres comprendida por tu esposo? ¿Te sientes poco o nada apoyada en tus ideas o sueños? ¿Te preguntas a veces por qué él se comporta de tal manera hacia ti? De alguna u otra manera todas hemos sentido algo de esto, pero te has preguntado o sabes bien ¿qué siente o piensa sobre ti y su matrimonio tu esposo?

Encuesta: ¿Tengo un matrimonio saludable?

A continuación, te dejo un cuestionario de práctica para hacer en pareja, en papeles separados y después intercambiarlos para que cada uno pueda leer lo que piensa el uno del otro, se sorprenderán de muchas cosas, se los garantizo.

Contesta sí o no y da una explicación cuando sea necesario.

1. Conozco los tres momentos más importantes de la vida de mi pareja.
   Respuesta SÍ, escríbelos.

_____

_____

_____

_____

2. Puedo nombrar los tres principales sueños que tiene mi pareja para su vida.
    Respuesta SÍ, escríbelos.

_____

_____

_____

_____

3. Siento que mi pareja me conoce bien. _____

4. Tenemos planes y metas en común.
    Respuesta SÍ, ¿cuáles?

_____

_____

_____

_____

5. Siento que mi pareja realmente me respeta.
    Respuesta NO, ¿por qué?

_____

_____

_____

_____

_____

6. Conozco cuáles son los momentos estresantes que mi pareja tiene que enfrentar.
   Respuesta SÍ, escríbelos.

_____

_____

_____

_____

7. Somos equipo y apoyo mutuo en los oficios de la casa y los hijos. _____

8. Puedo nombrar al mejor amigo de mi pareja.
   Respuesta SÍ, ¿Cuál? _____

_____

9. Puedo fácilmente señalar los tres aspectos que más admiro en mi pareja.
   Respuesta SÍ, escríbelos.

_____

_____

_____

_____

10. Aprendo mucho de mi pareja, incluso en las cosas en que no estamos de acuerdo. _____

11. Siento que hay pasión en nuestra relación.
    Respuesta NO, ¿qué harías de tu parte para cambiar eso?

    _____

    _____

    _____

    _____

    _____

12. Nuestras relaciones sexuales son generalmente satis-
    factorias.
    Respuesta NO, ¿qué sientes que falta para cambiar eso?

    _____

    _____

    _____

    _____

13. Mi pareja aprecia las cosas que yo hago en la relación.

    _____

14. A mi pareja le gusta mi personalidad en general. _____

15. Al final del día me agrada ver a mi pareja.
    Respuesta SÍ, ¿Qué es lo que más disfrutas?

    _____

    _____

    _____

    _____

16. Nos encanta conversar y hacer cosas juntos sin los hijos. Respuesta SÍ, nombra tres cosas que más disfruten hacer juntos.

_____

_____

_____

_____

17. Tenemos y compartimos muchos recuerdos agradables. Respuesta SÍ, nombra tres de los más importantes.

_____

_____

_____

_____

18. Mi pareja me escucha respetuosamente, aunque no concuerde conmigo. _____

19. Cuando discutimos, ganar no es el objetivo principal para ninguno de los dos. _____

20. Soy capaz de pedir perdón si me he equivocado. _____
Ahora suma todos los SÍ. Cantidad _____

Si sumaron más de 13, puedes concluir que tienes un matrimonio saludable, con cosas por mejorar, pero dispuestos a darlo todo el uno por el otro. Entre 7 y 12, deben trabajar los aspectos que están deteriorando su relación y hacer que eso no continúe con el tiempo, porque puede terminar muy mal la relación. Sería conveniente que ambos reflexionaran sobre qué podrían hacer para facilitar que la relación permanezca en el tiempo. Si sacaron seis o menos, su matrimonio está en peligro, busquen ayuda de consejeros matrimoniales en su iglesia o psicólogos que puedan orientarlos en los cambios que deben hacer inmediatamente.

Ahora responde y aplica esto todos los días:

¿Qué puedo hacer hoy por mi pareja para hacerlo feliz?

_____

_____

_____

_____

No se trata de expectativas, no se trata de recibir, ni siquiera se trata de pasión o emoción, se trata de tomar la decisión a diario de amarlo, a pesar de... y hacer lo que esté a tu alcance para lograrlo. ¿Suena muy beneficioso para él en el caso de no ser correspondida? Si lo haces, verás como tu vida y tu hogar se transforman en una relación saludable y comienzas a recibir de regreso todo ese amor. Sin embargo, no lo vas a lograr si no te amas a ti misma primero. Descubre en ti cada atributo que Dios te dio y valórate tal cual eres, con todas tus cualidades y defectos. Aprendamos de las enseñanzas de Jesús sobre el amor, el cual dice que, cuando se trata de amor, primero debemos amar a Dios con todo nuestro corazón, con toda nuestra alma y con toda nuestra mente; una vez que hayas hecho a Dios tu primer amor, entonces: "Amarás a tu prójimo como a ti misma".

"El que no ama no conoce a Dios, porque Dios es amor".
1 Juan 4:8.

Las mujeres y los hombres pensamos totalmente diferente, cada uno fue creado por Dios de una manera perfecta e idónea para ser mutuamente el complemento, entonces, el objetivo al final del día es lograr un matrimonio saludable, no perfecto, porque perfecto nunca será, siempre habrá contratiempos, la diferencia ahora está en cómo las sobrellevamos, si nos dejamos hundir por el problema o salimos a flote como equipo que somos.

Lo mismo aplica en relación con los hijos: a pesar de seguir a diario en la lucha constante por ser una madre más tolerante, diariamente mi meta es ser mejor madre y aprender a pensar y entender el comportamiento de mis hijos. Desde que mis hijos estudian en casa (*Homeschool*), mi relación con ellos se ha fortalecido, no obstante, tiene fallas, vivo agradecida con Dios por el privilegio que tengo de brindarles otra calidad de estudio y valores; yo misma me sorprendo de cómo he llegado a lograrlo; teniendo tantas falencias, no me queda más que vivir agradecida porque solo por la gracia que Dios me regala a diario he logrado brindarles a mis hijos otra calidad de estudio y valores.

PRINCIPIOS DE UNA MADRE EN LA EDUCACIÓN DE SUS HIJOS

Los hijos en el hogar son la mayor bendición, son el tesoro más valioso y precioso que Dios nos ha prestados por un tiempo. Al pasar los años, ellos crecen e inician sus propios caminos, por eso es tan importante no permitir que los afanes del día a día y el trabajo nos roben el gozo de brindarles calidad de tiempo, así como ser parte activa y presencial en cada una de sus etapas.

Nuestros hijos deben adquirir unos principios y valores básicos para que puedan edificar sus caracteres firmes y fuertes, nosotras tenemos la responsabilidad de brindárselos. Aspectos alrededor de lo físico, espiritual y emocional, a través de todo el proceso entre la etapa de los pañales hasta verlos en la universidad, serán los componentes que formarán su conducta humana. Por eso lo valioso de ser nosotras mismas quienes seamos la mayor fuente e influencia de toda esa información que se irá grabando en sus vidas. Veamos algunos de los principios que implemento como madre en la educación de mis hijos y que me han permitido ser madre tiempo completo y a la vez desarrollarme como emprendedora.

Valores

Mi guía para esto es la Biblia, de ella extraigo todo lo que quiero que mis hijos aprendan. Aquí no me alcanzarían las páginas de este libro para mencionar todos los valores que la Biblia nos enseña y que deseo que mis hijos aprendan y practiquen en su vida diaria. Cuando se trata de valores, creo ciegamente que los valores que tú y tu esposo practican, serán los que tus hijos imiten (ejemplo). Todos modelamos algún estilo de vida, enseñamos principios para bien o para mal mediante nuestro ejemplo, lo cual va creando hábitos en ellos. Esos hábitos que se van creando guardan relación con la identidad de cada uno, puesto que serán sus convicciones las que determinarán su manera de ser. Debemos transmitirles e insistirles diariamente la importancia de hacer el bien, respetar a otros, perdonar, ser honestos, hacerles comprender la importancia de buenas conductas y pensamientos positivos, que les desarrollarán una conciencia moral para la convivencia sana con los demás.

Disciplina

El verdadero modo de enfrentarse a las pruebas no consiste en tratar de escapar de ellas, sino de transformarlas. Esto es lo correcto a la hora de disciplinar a nuestros hijos, pero debemos entender la diferencia entre disciplina y castigo. Mientras que la disciplina establece límites, el castigo impone penalidad por cruzar los límites; la disciplina provee dirección hacia las metas, el castigo vincula acciones y consecuencias; la disciplina mantiene a tu hijo por buen camino hacia un propósito, el castigo impone el precio de desviarse del camino. No podemos confundir estos dos términos, pero tampoco separarlos. Muchas madres dan por sentado que todo tipo de disciplina es negativo y tratan de apartarla de la educación de sus hijos. La disciplina es la clave positiva en la educación y el castigo es a veces el negativo necesario. En la educación de mis hijos, en algunos casos, he necesitado encontrar el equilibrio de ambos. Como prevención siempre enseño y me enfoco en disciplinar, pero, cuando se ha hecho necesario el castigo, les dejo saber que no es un acto de arbitrariedad, sino para su propio beneficio y que si no es corregido, le ocasionará desgracia en un futuro.

Las madres que logremos educar a nuestros hijos para que sientan que el poder llegar a ser personas de provecho está en sus manos, seremos las que alcancemos el verdadero éxito.

Estudio y aprendizaje en la casa

Siempre he creído firmemente que la educación comienza en el hogar. Dios nos dio a los padres la capacidad y responsabilidad de ser los primeros educadores de nuestros hijos. Muchas familias encomiendan la educación de sus hijos a las escuelas, pero la educación es un asunto de mucho mayor alcance de lo que, por lo general, se cree. La formación que se imparte en el hogar no debe considerarse un asunto de importancia secundaria, ocupa el primer lugar en toda verdadera educación.

Para nosotros como padres es mucho más fácil y cómodo llevar a nuestros hijos a una escuela y que otros sean sus maestros, sin embargo, mi esposo y yo optamos por hacerles el estudio en casa —*homeschool*, **brindándoles** una educación que nos exige muchísimo más trabajo, tiempo, dinero y esfuerzo como padres, pero que nos ha traído más satisfacciones personales, académicas y nos unió más como familia. Nos concentramos en sus fortalezas, su manera propia de aprender y con base en eso, les brindamos los conocimientos que necesitan de acuerdo con su nivel y su ritmo. Aplicamos un tipo de educación vivencial, donde ellos aprenden experimentando, viendo y conociendo lo aprendido. Los exponemos a aprender algo nuevo constantemente, eso les aporta muchos beneficios, tanto personal como profesionalmente.

La educación cuesta dinero, el aprendizaje está siempre abierto a todos.

Más allá de lo académico, hablo de principios de educación: como enseñar a tus hijos a amar a Dios, respetar y ayudar a otros, escoger amigos, cómo comportarse en la calle o casas ajenas, cómo ser emprendedores, cómo manejar correctamente sus finanzas, cómo invertir en ellos mismos, cómo buscar soluciones en medio de los problemas, cómo poseer criterio propio, disciplina, trabajo y perseverancia en todo lo que hagan, etc. Desde que mis hijos estudian en la casa, esa ha sido nuestra prioridad como padres.

El *homeschool* o estudio en casa es una modalidad de estudio que para muchos es un paradigma que implica ausencia de socialización, concepto erróneo que existe por falta de conocimiento. Desde que mis hijos nacieron, me interesó hacerlo, no obstante, a medida que los años y los afanes de la vida pasaban, mis miedos, paradigmas, excusas y voces de ignorancia me llevaron a dejar mucho tiempo sin hacerlo. Hoy vivo feliz del gran paso que dimos, me encanta, lo recomiendo, no lo dejaría si solo de mí dependiera. En la actualidad agradezco a Dios por brindarme la posibilidad de que mis hijos reciban en casa un tipo de educación que considero ha sido mejor que aquella que recibirían en una escuela. A la vez, le pido que me permita, hasta el final de su vida escolar, continuar haciéndolo. Hoy en día lo amo, me encanta, lo recomiendo y no lo cambiaría por nada en el mundo.

El *estudio en casa* nos ha traído grandes ventajas, por ejemplo: dejar días sin estudiar para hacer lo que como familia hemos deseado vivir. Salir de viaje cuando hemos querido y no cuando nos toca, celebrar cumpleaños haciendo todo el día lo deseado, desayunar, almorzar y cenar juntos; asistir a parques de diversiones, cines, playas y ciudades que deseamos conocer sin tumultos de gente; adquirir tiquetes de avión a precios muchísimo más baratos en temporadas bajas, no más mañanas afanadas ni estresadas, entre otras tantas. Podría seguir mencionando otro sin fin de beneficios que hemos obtenido haciendo el estudio en casa, pero lo más importante de mi mensaje con esto es que tú, mamá, si Dios ha puesto eso en tu corazón y está dentro de tus posibilidades familiares hacerlo, no dejes pasar más tiempo, tu hijos y tu familia te lo agradecerán el resto de la vida.

A pesar de las ventajas del *homeschool,* suelen presentarse altibajos en la relación familiar: riñas, desacuerdos y días en los que ni mis hijos ni yo queremos estudiar; pero justo en esos días es cuando los valores como la disciplina, el amor, el respeto y el esfuerzo juegan un papel increíble; después viene la satisfacción de haber superado las dificultades. Estas experiencias cobran un valor incalculable quedando impregnadas en ellos por siempre para sus vidas.

Nuestros hogares son las escuelas más importantes y prestigiosas a las que nuestros hijos asistirán y nosotras somos las maestras más importantes que ellos tendrán; cuando nos demos cuenta de esto, criaremos hijos que no solo tendrán información, sino sabiduría para la vida.

Tiempo de calidad

La frase que Rubén Darío hizo famosa en uno de sus poemas "Juventud, divino tesoro", yo la parafraseo y digo: tiempo, ¡oh, divino tesoro! La mayoría de nosotras sufrimos y nos quejamos de la falta de tiempo y eso es alguna de las excusas que damos a nuestros pequeños cuando nos quieren para jugar o simplemente para llamar la atención. En estas épocas de tanta tecnología, nos enojamos porque nuestros hijos pasan demasiado tiempo en sus aparatos electrónicos, pero pocas veces nos sentamos a pensar cuánto tiempo de calidad les estamos dedicando. En varios casos podrás analizarte tú misma, en realidad sí tienes momentos disponibles para pasar con tus hijos, pero los deseos de revisar algo en las redes sociales o el oficio en la casa sin hacerse te ganan y te roban la bendición de haber pasado un momento inolvidable jugando a las muñecas con tu hija.

Para pasar tiempo de calidad con nuestros hijos, debemos separar ese tiempo en nuestro calendario. Si te es extremadamente difícil hacerlo por tu horario de trabajo y obligaciones, aprovecha cada momento que estén cerca para darles esa calidad de tiempo. Mientras van camino a la escuela, a la práctica de deporte, al supermercado, en la cena o mientras hacen cualquier otra actividad donde tengan que estar juntos, aleja de ti y de tus hijos los dispositivos electrónicos y habla con ellos de cosas importantes. Descubrirán, para sorpresa de todos, que se abrirán canales de comunicación que antes no existían y empezarán a compartir tiempo de calidad. Quizás al principio no les guste mucho la idea, con el tiempo comprenderán que se escuchan y que todos están ahí para apoyarse mutuamente.

Agradecimiento

La gratitud debe cultivarse. Una de las palabras que no me canso de repetir muchas veces al día es "gracias".

Soy una mujer extremadamente agradecida, especialmente con Dios, por tanto que me regala cada día; ese mismo sentimiento de gratitud trato de transmitirlo a diario a mis hijos, de forma tal que ellos descubran la importancia que tiene ser agradecidos. No es raro ver en nuestra sociedad a muchas personas que se sienten dueñas de las cosas por derecho, en lugar de comprender que se tiene que trabajar por ellas. En los niños y adolescentes es muy común que se sientan merecedores de todo lo que tienen y en ciertos casos exigen bienes innecesarios para sus vidas. Está bien que esperen ciertas cosas y que se quejen cuando no las tienen, pero si esa actitud se convierte en parte de su vida y de su mentalidad, puede tener efectos muy negativos a largo plazo. Si les hacemos entender a nuestros hijos que no deben esperar nada de nadie y en su lugar ser agradecidos por cualquier cosa que reciban, sus momentos de decepción, desánimo y depresión serán menos en su vida, de esa manera tendrán mayor facilidad para formar relaciones interpersonales saludables.

Desarrollo del carácter

Formarse un buen carácter es un proceso que puede durar toda la vida, es el capital más valioso que podemos dejarle a nuestros hijos. Nuestra misión como madres es formar el buen carácter de nuestros hijos con los preceptos de la palabra de Dios. Requerirá un gran esfuerzo paciente y cuidadoso, además, firmeza y decisión para guiar la voluntad y frenar las pasiones. Los dos elementos esenciales de la firmeza de carácter son la fuerza de voluntad y el dominio propio. Un carácter bien desarrollado no se verá afectado por el miedo ni por los fracasos. Es el hogar el mejor lugar para trabajar arduamente en la edificación de ese carácter, no es la escuela; esta, por el contrario y con frecuencia, destruye el buen carácter construido en la familia.

Sexualidad

La sexualidad es mucho más que el sexo, tiene que ver con el respeto, la intimidad y la seguridad. Es aprender a expresarse, a pedir deseos y establecer límites. No es un tema que deba escandalizarnos ni dejarlo de lado para que otro lo enseñe. Siempre he tratado de ser muy honesta, breve y respetuosa al hablar del sexo con mis hijos, lo hacemos muy relajadamente en diversos momentos que se prestan para hablar del tema. Es abrir un espacio de discusión sobre lo que es correcto y lo que no con la sexualidad. El día que mi hijo a sus 14 años me confesó sentir atracción sexual por su novia y qué estaba haciendo para controlarlo, me dio mucho orgullo escuchar la madurez en sus palabras y su entendimiento en la importancia de respetar a su novia por encima de sus deseos. Brindarles una adecuada educación sobre el tema será clave y les mostrará el propósito del sexo, no como algo malo, sino con la responsabilidad e implicaciones que eso conlleva. En el caso de mi hija pequeña, un buen libro infantil sobre la sexualidad con animaciones y lenguaje para pequeños me ha sido muy beneficioso a la hora de hablarle sobre sus partes íntimas y cuidado personal.

Cuando se trata de cómo educar a nuestros hijos, encontramos muchos modelos que funcionan de alguna manera. Muchas de nosotras hemos leído libros, ido a seminarios y aprendido métodos educativos, pero al final del día, el cansancio, la falta de obediencia, el desorden, etc. nos hacen perder el control, enojarnos y gritar. Entonces, viene el momento de culpa, frustración y enojo con nosotras mismas, por no lograr aplicar todo lo aprendido. El tratar en mis propias fuerzas ser una buena mamá me llevó a creerme que era la peor madre de todas.

Sufrí mucho por la falta de control y el enojo que en ocasiones tenía con mis hijos, sabía que esa conducta no era del agrado de Dios y que estaba lastimando grandemente lo que más amaba, sin embargo, Dios siempre tuvo misericordia de mí, conocía las intenciones de mi corazón, que eran el deseo de siempre agradarlo y todos los días me regalaba una nueva oportunidad para acercarme más a Él y poder superarlo. En la medida que entendía y aplicaba la gran sabiduría y significado de lo que representa que Jesús se llevó a la cruz todos mis pecados, también me liberó del autojuicio, de la culpa y del temor a fallarle. Miles de veces me equivoqué y continuaré equivocándome, pero cuanto más profunda e íntima sea mi relación con Jesús, más fácil se hace manejar mis defectos, por lo tanto, tener una mejor relación familiar.

Finalmente, comprobé que ese era el único método educativo que funcionaba para educar a mis hijos.

El instinto natural que tenemos como padres será siempre proveer a nuestros hijos lo mejor durante toda su vida, sin importar cuanto nos equivoquemos, si Dios está de por medio, el amor será el vencedor siempre.

Ahora vas a saber cómo está tu relación y educación con tus hijos. Responde sinceramente a las siguientes preguntas y toma las respuestas como base para continuar haciendo bien las cosas o para mejorar.

Encuesta: ¿Qué tanto conoces a tus hijos?

1. ¿Cuál es el tiempo de calidad que usas para compartir con ellos y qué tan a menudo lo haces?

   _____

   _____

   _____

   _____

2. ¿Qué cosas, situaciones o personas le causan mayor alegría?

   _____

_____

_____

_____

3. ¿Cuáles son sus miedos y frustraciones?

_____

_____

_____

_____

4. ¿Qué cosas ama más de ti?

_____

_____

_____

_____

5. ¿Qué cosas no le gustan o cambiaría de ti?

_____

_____

_____

_____

6. ¿Cuál es su comida favorita y cuál no le agrada comer?

_____

_____

_____

_____

7. ¿Oran, juegan, leen y estudian juntos?
   Sí _____ No _____

8. ¿Cómo se siente con sus hermanos o cómo es su relación con ellos?

   _____

   _____

   _____

   _____

   _____

9. ¿Qué sueña ser cuando sea grande?

   _____

   _____

   _____

   _____

10. ¿Con quién o donde le gusta pasar la mayor parte de
    su tiempo?

    _____

    _____

    _____

    _____

Nunca olvides que los niños piensan y actúan totalmente diferente a nosotros los adultos y por eso, no es-
peremos que hagan cosas o que sean lo suficientemente
responsables con sus cosas al nivel de un adulto, ahora lo

que necesitan es mucho amor, dirección, pensar y actuar como niños que son. Pídele sabiduría a Dios para educarlos a su manera y con sus principios, si no lo haces, la calle se encargará de enseñárselo y no necesariamente con amor.

EL HOGAR

Muchas mujeres que se han dedicado a ser solo mamás y amas de casa sienten que su trabajo es poco valorado, no reciben paga, sin vacaciones remuneradas y en muchos casos decepcionadas por no cumplir sus metas personales ni profesionales. Pero lo que ellas mismas no han calculado es cuán valiosas son, ni cuánto deberían ganar por hacer su trabajo de mamás en el hogar. Si hacemos un breve ejercicio de ejemplo de aquí en Estados Unidos y calculamos mensualmente los gastos por niñera, limpieza, lavandería, chef, psicóloga o asesora financiera y lo que eso costaría, tendrían salarios de más de $8.000 USD, sus esposos no tendrían cómo pagar dicho salario y se darían cuenta del gran ahorro y aporte que hace una ama de casa a su hogar. Así que si ese es tu caso, siéntete más que privilegiada y bendecida de poder hacerlo y valórate por el hermoso trabajo que realizas.

El hogar requiere de un trabajo de tiempo completo y es muy demandante. Adicionalmente, llevamos sobre nuestros hombros la educación y el cuidado de nuestros hijos, sin dejar a un lado nuestras responsabilidades como esposas. Es una labor que no todas las mujeres están dispuestas a cargar porque requiere tener suficiente autoestima, salud física, mental y estar decididas a hacerlo. Te darás cuenta de que, en el transcurso del libro, hago mucho énfasis en planificar y tomar la decisión de hacerlo. El orden y limpieza del hogar no son la excepción. **El orden es saludable, te hace sentir plena, feliz y combate el estrés.** Por lo tanto, busca las maneras de hacer un equipo de trabajo con todos los integrantes de tu casa y de cumplir con dichas obligaciones de la manera más efectiva y cómoda para todos. Aquí te doy algunas de las cosas que yo practico en mi hogar.

1. ***Crea prioridades:*** crea las prioridades de tu casa, la mayoría de las veces yo opto por dejar los platos sucios para ir a jugar, hablar, pasar tiempo con mis hijos o simplemente porque tengo una meta de mi emprendimiento ese día por cumplir. La manera como me quito un poco la culpa de encima es pensar que, aunque lo limpie, siempre habrá algo más que queda faltando por hacer, así que lo limpiaré después.

2. ***Usa toallas húmedas con Clorox:*** tener toallas húmedas con Clorox en cada baño me facilita muchísimo la vida. El no soportar usar un baño sucio me ha llevado a tener estas toallas como aliadas, usarlas y en pocos minutos tener un baño limpio.

3. ***La cocina:*** la cocina creo que es mi obsesión. Bueno, los baños, los cuartos y la cama también lo son, ja, ja,

ja, ja, ja; en fin, creo que soy un poco exigente en general con la limpieza de toda mi casa, pero una cocina sucia siempre la he visto como medio de adquirir bacterias, enfermedades y plagas. Así que, a medida que voy preparando alimentos, voy lavando cada cosa que ensucio, así al final solo quedan los platos y ollas por lavar. En mi casa tenemos la regla de *"Cada uno lava su plato"*. Al terminar de comer, cada uno debe lavar el plato en el que comió. Las ollas y la arreglada de la cocina, ¿adivinen quién lo hace? Sí, la mayoría de las veces lo hago yo, pero, como les dije anteriormente, cuando estoy con una meta (mi prioridad de ese momento) y requiere que me vaya a terminarla, entre mi esposo y mis hijos se lo turnan cada vez.

4. ***Delega las tareas:*** las obligaciones de la casa no deben nunca ser solo tu responsabilidad, por más pequeños que estén tus hijos. De acuerdo con su edad, cada uno debe participar de la limpieza y obligaciones del hogar. Desde recoger juguetes, botar la basura, barrer, cocinar, hasta lavar la ropa y los baños, son responsabilidades que cada uno de los integrantes de mi casa tienen. Crea una lista de responsabilidades para cada uno de los integrantes de tu familia y acostúmbralos a acomodar cada cosa en el lugar que corresponde, inmediatamente después de su uso. Tengo la bendición de contar con una familia más que hermosa, que me apoya en todos mis proyectos, por eso, antes

de empezar algo, nos sentamos en reunión familiar, oramos juntos, nos dividimos los oficios de la casa y decidimos los tiempos para estar juntos, estudiar, ver películas, salidas al parque, ejercicio, etc. Una vez encaminado el proyecto, sea de cualquiera de nosotros, los demás lo apoyamos, cumplimos con lo pactado y nos damos ánimo cuando estamos decaídos.

Es una de las cosas más hermosas que como familia siento que nos hace diferentes, siento que REALMENTE hacemos cosas que una familia debería hacer.

Debo confesar que no todo es así de maravilloso siempre; también tenemos tiempos en los que fallamos en lo planeado, especialmente mi hija (la pequeña de la casa) la cual le encanta comer todo día y casi siempre olvida lavar y recoger lo que ensucia. Es una lucha constante con ella a diario por eso. A pesar de que cada vez que veo su desorden le hablo, le explico y le declaro que es una niña ordenada y limpia, hay días en los que humanamente no siento ganas de decírselo. Porque mis emociones me llevan a razonar que no le voy a decir que es limpia y ordenada cuando en realidad está haciendo todo lo contrario. Pero ahí es donde viene lo poderoso de estar en comunión con

Dios y pedirle la ayuda al Espíritu Santo que me ayude a declarar lo que quiero que ella sea en realidad. *El poder de las palabras*

5. *Los mejores limpiadores:* aunque siento mucha atracción por usar Clorox constantemente para todo en mi casa, sé lo perjudicial para la salud que este es. Por lo tanto, trato en todo lo posible de no usarlo. Mis ayudantes claves para toda la limpieza de la cocina, baños, pisos e incluso ropa, son el bicarbonato de sodio y el vinagre. Con ellos no incurro en gastos altos en productos de limpieza. Con menos de $10 USD tengo para limpiar por más de dos meses, con ellos me aseguro de que elimino suciedad, bacterias y de que mi salud y la de mi familia no corren peligro.

6. *Bota en lugar de guardar*: durante el transcurso de los años, vamos acumulando "cositas" y más "cositas" que pensamos usar después en algún momento. Esta actividad nos genera, a largo plazo, una acumulación de objetos inservibles. Hace un tiempo, en mi casa lo que más se veían eran instrumentos, juguetes y un montón de objetos que mi esposo era especialista en encontrar, comprar y revender, pero que en algunos casos no se vendían y se iban acumulando. Sacar (donaciones o basura) todo ese tipo de "cositas", liberar espacio y dejar lo menos posible objetos en cada parte de mi casa, me liberó impresionantemente, sentí haberme quitado

un gran peso de encima y sin ganas de llenarlo de nuevo. Si tienes cosas que no has usado en los últimos seis meses, deséchalas. A veces creemos que necesitamos algo, cuando en realidad no lo necesitamos.

Pon la regla en tu casa para todos de que por cada cosa, ya sea ropa, juguetes o "cositas" nuevas que metan, una o dos cosas deben salir antes.

7. ***Crea buenos hábitos***: una vez sacado todo lo que ya no vas a usar, crea un hábito de pensar dos o mejor diría cinco veces antes de comprar algo. No compres por emoción, porque está muy barato o rebajado. "Compra una y llévate la otra a mitad de precio", descuentos del 10, 20 o 60% se vuelven irresistibles a la hora de verlos. La mayoría de las veces (por no decir todas) son estrategias de mercadeo y en realidad de alguna u otra manera pagarás el precio real. Para evitar eso, yo trato, en todo lo posible, de no ir a ninguna tienda solo por ver qué encuentro o por relajarme (excepto que así lo planifique y destine un dinero para eso sin pedirlo prestado a las tarjetas de crédito ni descuadrar mi presupuesto familiar). Al final siempre se sale con algo de esos lugares, creemos necesitar aquello y con mayor razón: ¿cómo desaprovechar ese gran descuento? No

caigas en la trampa, evita ir a esos lugares sin una lista exacta de lo que realmente necesitas. La próxima vez que vayas a un centro comercial, veas algo muy tentador de comprar y sientas que lo quieres, primero pregúntate más de una vez si lo necesitas realmente (verás que no), luego aléjate inmediatamente de ahí y ya en tu casa, después de unos días transcurridos, te darás cuenta de que no te pasó absolutamente nada por no tener aquello que estuviste a punto de comprar. Eso también aplica para los "gustitos extras" en el supermercado. Adicional a aumentar tu gasto de alimentación, la mayoría de las veces son golosinas que no aportan nada saludable a tu cuerpo. No existe aún ningún estudio que indique si una persona nace o se hace ordenada. Al igual que otras conductas, es algo que contradecimos o imitamos de lo que nuestros padres hacían o nos enseñaron. Si sientes que eres una mujer poco ordenada, al igual que otros comportamientos, puedes cambiarlo, puede ser que te sea un poco más difícil, pero jamás imposible.

Capítulo 3

LOGRANDO LO QUE ME PROPONGO (METAS)

Es increíble ver las estadísticas sobre la cantidad de personas que se proponen metas o propósitos en su vida y solamente un 10% finaliza la mayoría de estas, ¿por qué pasa eso? ¿por qué dejan a medias muchas cosas y por qué se desenfocan de ese propósito? ¿Acaso todos esos sueños no traen consigo suficiente satisfacción como para lograrlos? Claro que sí. Entonces, ¿por qué le sucede a la mayoría? Aunque cada uno podrá tener numerosas razones por las que no finaliza las cosas, **los propósitos no se cumplen en su mayoría por falta de planeación, expectativas muy altas o no era lo suficientemente importante.**

Existe una gran diferencia entre un deseo y una meta, el deseo no pasa de ser un pensamiento, la meta se planifica, se escribe y se ejecuta. **Las metas deben ser específicas, medibles y con tiempo límite.**

¿Qué acostumbra a hacer con más frecuencia: desear cosas o planificar metas?

_____

_____

_____

_____

¿Planificar tus metas te emociona o te causa algo de estrés? ¿Por qué?

_____

_____

_____

_____

Todos los humanos tenemos conductas repetitivas. Si vienes repitiendo el patrón de no culminar tus metas, una mirada a tu pasado ayudaría a entender de dónde vienen muchos de tus comportamientos y maneras de ser y actuar.

Para poder avanzar debes revisar cuidadosamente y preguntarte cómo eran tus padres en referencia a cumplir sus objetivos y metas. ¿Planeaban su vida? ¿Te enseñaban a hacerlo? ¿Cumplían lo que se proponían hacer y lo celebraban? Cualquiera que sea tu respuesta es el patrón que ellos te heredaron y el cual puedes estar copiando al pie de la letra o haciendo exactamente lo contrario en muestra de rebeldía u odio porque no te gustaba su manera de actuar.

Un patrón ejemplo, por mencionar alguno, y que estudiaremos en el capítulo seis, son las finanzas. De acuerdo con lo que escuchaste, viviste y aprendiste en tu casa a cerca del dinero, manejarás tu realidad financiera hasta que no la identifiques y cambies, si no está alineada a lo que hoy en día quieres.

¿Cómo eran tus padres en la planificación y cumplimiento de metas?

_____

_____

_____

_____

¿Qué te enseñaron o aprendiste de ellos acerca de la planeación y metas?

_____

_____

_____

_____

¿Qué te enseñaron o aprendiste de ellos a cerca del dinero?

_____

_____

_____

_____

No continúes hasta que no recuerdes y escribas al respecto, ya que no se puede cambiar lo que no se conoce y si aprendes a identificar de dónde vienen tus conductas, podrás corregirlas. Esta práctica la aprendí en un taller del manejo del subconsciente, donde entendí por qué hago lo que hago. El ejercicio al principio me incomodó un poco porque pensaba que el pasado no importaba, que el presente y el futuro es lo que cuenta y ese último yo lo podía crear. No estaba tan mal del todo, ya que todos tenemos el poder de cambiar nuestro presente y tener el futuro que deseamos, pero nunca me imaginé que identificando los buenos y malos patrones que heredé de mis padres podría cambiar lo que no me gustaba y alinearlo a mi nueva conducta y esto lo hice con todos los aspectos de mi vida.

LA HERENCIA GENERACIONAL

La herencia generacional es todo lo que recibimos de nuestros ancestros, como la genética, el carácter y lo espiritual, que luego nosotras legamos a nuestros descendientes; pero, ¿es posible cambiar la herencia generacional? Es importante decir que los hijos heredan los hábitos de sus padres (buenos y malos) como algo natural vivido en casa. Aunque los hijos no puedan especificar el momento exacto en que los adquirieron, porque siempre han convivido con eso, han formado parte habitual de su desarrollo de manera cotidiana y no han tenido ocasión hasta su adultez para tomar sus propias decisiones y elegir qué cosas dejan para ellos y cuáles cancelan.

Las cosas buenas son preservadas y bien recibidas de generación tras generación, pero las malas las debemos sacar de nuestra vida y solo existe un camino para lograrlo. La Biblia nos habla de esos patrones de conducta que heredamos en términos de herencias materiales en la tierra y espirituales en el cielo. El término maldición generacional fue sacado del Antiguo Testamento donde dice que Dios castiga la maldad de los padres hasta la cuarta generación.

> *"Y pasando Jehová por delante de él, proclamó: ¡Jehová! ¡Jehová! fuerte, misericordioso y piadoso; tardo para la ira, y grande en misericordia y verdad; que guarda misericordia a millares, que perdona la iniquidad, la rebelión y el pecado, y que de ningún modo tendrá por inocente al malvado; que visita la iniquidad de los padres sobre los hijos y sobre los hijos de los hijos, hasta la tercera y cuarta generación." Éxodo 34:6-7*

Esto nos dice que el pecado de los padres es transmitido a sus hijos. Podemos pasar muchos años luchando con esas mismas ataduras con las que vivieron nuestros padres, pero no tiene por qué ser así para los que decidimos creer en el hijo de Dios que vino a limpiarnos y liberarnos de cualquier maldición generacional transmitida. En otras palabras, cuando nos convertimos en cristianos, nacemos de nuevo y nuevas criaturas somos.

"De modo que si alguno está en Cristo, nueva criatura es; las cosas viejas pasaron; he aquí todas son hechas nuevas".
2 Corintios 5:17.

Crea dos listas, una con las cosas buenas que te enseñaron y otra con las cosas no tan buenas que aprendiste.

Cosas buenas	Cosas no tan buenas
_____	_____
_____	_____
_____	_____
_____	_____
_____	_____
_____	_____
_____	_____
_____	_____

La lista de cosas buenas será tu fortaleza, escríbela en una hoja de colores y adórnala como más te guste, son las conductas que debes preservar y mantenerte haciéndolas. Ya sabes que están alineadas a la nueva mujer que quieres ser y que te aportan y ayudan en el cumplimiento de tus metas.

Escribe la lista de cosas no tan buenas en una hoja aparte (para desechar). Ya no serán más parte de tu vida, trabajarás arduamente todos los días en contra de ellas, ya no serán más parte de ti ni de la herencia de tus hijos. Ahora rompe o quema esta hoja de cosas no tan buenas y declara en voz alta que ya no son parte de tu vida, seguidamente, lee en voz alta la lista de cosas buenas diciendo: *Yo soy una mujer...* mencionando cada una.

Ya que identificaste que casi todas tus conductas de hoy en día vienen de lo que viste o aprendiste de tu entorno en tu niñez, vas a poder escribir tus metas y hacer tu propia planificación usando las cosas buenas a tu favor y luchando en contra de las no tan buenas.

LO QUE HAGO CUANDO DECIDO EMPRENDER ALGO

A lo largo de mi vida, como ya lo mencioné en el primer capítulo, he emprendido varios proyectos, una parte de ellos los he terminado, pero otra gran parte ha quedado inconclusa. Por ejemplo, cuando empecé a escribir este libro, el tiempo de terminarlo se extendió más de los meses que lo planifiqué y aunque lo terminé, durante el proceso pasaron muchos pensamientos en contra que me impidieron cumplir con mis fechas planeadas. Al principio empecé a escribir sin decirle a nadie, ni a mi esposo, ya que los miedos e inseguridades de no ser perseverante con esto y no lograr terminarlo me invadieron, sin embargo, aprendí que justamente ese tipo de actitudes son las que me han llevado a dejar otros proyectos empezados, así que lo primero que hice fue educarme.

Decidí primero prepararme profesionalmente y capacitarme para tener las bases sólidas que me permitieran darle altura y profesionalismo a lo que emprendería. La falta de educación y preparación en lo que estés emprendiendo será una piedra de tropiezo en tu camino. Lee libros, busca información en internet y rodéate de personas expertas y exitosas en la materia. Hoy en día podemos aprender cosas de personas o universidades que se encuentren lejos de nosotros, gracias a tanto medio de comunicación y fuentes de aprendizaje con los que contamos y no son necesariamente costosos.

Después, comencé a compartir mi idea del proyecto a las personas más allegadas a mí. A esas personas que sabes que están ahí para ti cuando las has necesitado, háblales de tu proyecto, de por qué haces esto y ojalá que sea bien grande tu motivo de acabar este proyecto o no tendrás las suficientes fuerzas para seguir cuando no tengas ganas; menciónales también fechas y todos los detalles que consideres necesarios para que luego les pidas que, si en algún momento te ven detenerte o fallar, te alienten a seguir adelante.

Así fue como continué mi proyecto recolectando la mayoría de la información que necesitaría para escribir mi libro. Muchas personas cometen el error de desarrollar proyectos movidos principalmente por el factor dinero, no tengo nada en contra del dinero, por el contrario, me parece que es una herramienta disponible para obtener resultados, es lo que pensamos y hacemos con el dinero lo que hace que este sea bueno o malo. Si vas a emprender un proyecto, trata de que lo principal que te mueve a esto sea algo que te apasione o tengas experiencia, por consiguiente, te sentirás feliz, realizada y el dinero vendrá en abundancia por añadidura. También será un gran punto a tu favor y verás cómo todo te empieza a fluir naturalmente porque viene de adentro de ti. Así que plasmé todas mis ideas, conocimientos, experiencias y estudios que necesitaría para escribir mi libro y toda esa lluvia de información que tenía para compartir empezó a tener forma y sentido.

Finalmente, accioné, empecé a escribir y logré terminar mi primer libro. Las ideas llevan a la planificación, la planificación lleva a la acción y la acción lleva a los resultados. No fue nada fácil terminar mi libro y cuando te digo nada fácil, es porque así mismo fue. Comencé a escribirlo en los momentos más difíciles de mi matrimonio, de mis finanzas y de mi carrera, me detuve por varios meses creyendo que ese mal tiempo pasaría solo y rápido, pero estaba muy lejos de la realidad. Hasta que no entendí los propósitos de Dios y lo que Él quería que yo aprendiera con todo esto que estaba pasando, no logré salir victoriosa, dejé de lamentarme y detuve los pensamientos negativos y excusas que inundaban mi cabeza todos los días. Sin embargo, el camino no fue fácil, muchos otros factores intervinieron en la procrastinación de mi libro y estoy segura de que muchas, al igual que yo, viven afectadas por elementos que las alejan de sus metas.

Ahora vamos a organizar tus metas siguiendo esta guía que a mí me ha funcionado muy bien conociendo que la mayoría de las veces no era disciplinada, organizada ni cumplía lo que deseaba porque no tenía la manera correcta de planificar y cumplir metas, hoy en día aplico esto y logro cumplir con más acierto mis metas. Recuerda que deben ser específicas, medibles, con un tiempo límite y que realmente sean importantes para ti.

¿Cuál es la principal área de tu vida en la que deseas enfocarte para mejorar?

_____

_____

_____

_____

Meta N° 1
Mi meta es: _____

_____
Quiero lograr esta meta por que: _____

_____
Cuánto (medible): _____ Tiempo
para lograrlo (fecha): _____

LOGRÉ MI META EL: ___/___/___

Meta N⁰ 2

Mi meta es: _____

_____

Quiero lograr esta meta por que: _____

_____

Cuánto (medible): _____ Tiempo para lograrlo (fecha): _____

LOGRÉ MI META EL: ___/___/___

Meta N⁰ 3

Mi meta es: _____

_____

Quiero lograr esta meta por que: _____

_____

Cuánto (medible): _____ Tiempo para lograrlo (fecha): _____

LOGRÉ MI META EL: ___/___/___

    Si tienes más metas, puedes continuar en tu cuaderno de estudio.

La única manera de que logres tus metas será siendo disciplinada, productiva y enfocada.

LO QUE ME ALEJA DE MIS METAS

Cambiar patrones de conductas no productivas no es nada fácil, requiere deseo verdadero, tiempo, energía y gran esfuerzo. No esperes que ocurra de la noche a la mañana, las cosas buenas toman su tiempo, pero duran para toda la vida. Sin embargo, si de antemano conoces las distracciones que tendrás que vencer y las tácticas que te ayudarán a lograr tus metas, estoy segura de que tendrás una gran parte ganada. Entonces, vamos a ver primero las distracciones o excusas que te alejarán de cumplir tus objetivos.

1. *El rápido y creciente bombardeo del mundo digital y su multifuncionalidad:* las redes sociales se han convertido en nuestro mayor aliado a la hora de darnos a conocer en el mundo digital, más importante que el mismo Google, por lo tanto, es una herramienta indispensable que juega a favor de nosotras a la hora de hacernos propaganda de manera gratis, hasta cierto punto, sin embargo, esa no es la única verdad sobre dichas redes sociales. Hoy en día millones de personas gastan su valioso tiempo revisando perfiles de sus amigos y comentando en sus publicaciones, nada que les genere ingresos, por el contrario, dejan de cumplir sus metas o de trabajar por distraerse en estas. Pero no solo están las redes sociales, también tenemos que contestar correos electrónicos, llamadas y mensajes,

así que aprovecha dichas herramientas a tu favor para promocionar tu negocio, subir información de valor y generar ingresos. En lugar de que te gasten tu valioso tiempo irrecuperable, planifica un tiempo específico cada día o una vez a la semana para usarlas y sacarles el mayor provecho.

¿Cuántas horas al día gastas en las redes sociales y herramientas digitales poco productivas?

_____

_____

¿Cuántos minutos al día le vas a dedicar productivamente de ahora en adelante?

_____

_____

2. **La procrastinación:** se refiere a aplazar algo. En nuestro lenguaje común significa que es darle largas a algo. Pienso que muchas de nosotras la usamos a menudo, sobre todo cuando se refiere a cosas nuestras, es decir, las que somos madres por naturaleza anteponemos las necesidades de nuestros hijos muchas veces por encima de las propias, haciéndonos postergar muchas de nuestras metas profesionales o personales. Esta procrastinación de nuestros proyectos se convierte en una carga emocional que la mayoría de las veces llevamos a cuestas inclusive por años, pero es algo con lo que

debemos luchar y más si se trata de nosotras; sin dejar a un lado nuestro rol de mamás, no debes darle más largas a cada una de las cosas que vienes postergando y no esperar a mañana si lo puedes hacer hoy.

¿Qué cosas has venido arrastrando y diciendo: después lo hago, cuando tenga… o cuando mis hijos… ? Por ejemplo: aprender un idioma, leer un libro, ir de paseo con tus amigas, etc.

_____

_____

Pon una fecha concreta de cuándo vas a realizar alguna de estas cosas.

_____

_____

3. *La falta de disciplina:* yo amo y anhelo levantarme muy de mañana todos los días a encomendarle mi día y dar gracias a Dios, luego a disfrutar de mi hora de ejercicio con el fin de tener todas las fuerzas y energía para cumplir con mis metas diarias y concluir un día más maravillosamente. Es parte de la disciplina que me propongo tener. Lamentablemente, he acostumbrado a mi cuerpo de forma errónea a ser muy productiva en las noches y poco productiva en las madrugadas. Tengo el problema de dormir pocas horas al día, situación con la que lucho a diario porque

entiendo la necesidad de darle mínimo **seis** horas de sueño y descanso a mi cuerpo y de levantarme de madrugada para lograr ese gran día. Además, mis hijos, por más que les hable, los hechos hablan más que mil palabras y han copiado en parte esa tendencia de trasnochadores.

La indisciplina es uno de los mayores problemas que enfrentamos cuando queremos cambiar algún hábito. Aunque tengamos claro lo que deseamos, es justo la falta de disciplina la que nos impide lograrlo. Ser disciplinado nos facilita el camino, nos hace ser constantes y dominar esos impulsos innecesarios que obstaculizan el camino hacia la meta. ¿Y, entonces, por qué nos cuesta tanto ser disciplinadas? Simplemente porque ser disciplinada es incómodo y está fuera de nuestra zona de confort.

La disciplina es una herramienta poderosa para lograr todo lo que nos propongamos en la vida, pero la falta de tolerancia al fracaso lleva a la mayoría a desistir de sus metas, es parte del proceso equivocarnos y ser indisciplinadas en algunos momentos, justamente esas caídas no serán en vano, al contrario, nos harán más fuertes y experimentadas.

A mí me funciona decirme: **"Solo por hoy"**, me lo repito diariamente en cada una de las cosas que quiero mantenerme haciendo todos los días y así es como un día se alarga a semanas o años.

Asegúrate de ser disciplinada para cuando tus ganas falten.

¿En qué áreas de tu vida te falta la disciplina?

_____

_____

¿A qué te comprometes contigo misma hoy para cambiar eso?

_____

_____

4. *No tengo dinero:* realidad de muchas personas hoy en día, factor que atormenta y ha destruido muchos matrimonios y familias. Si esto no es un problema para ti, te felicito, pero si eres de las que vive día a día sobreviviendo con lo justo para pagar tus cuentas, desde hoy mismo debes hacer cambios drásticos. Primero, en tu manera de pensar, después en tu educación financiera y, por último, en las cosas que vienes haciendo. Enfócate en cambiar los patrones del dinero que has venido teniendo y que te han llevado donde estás. En el capítulo seis hablaremos más de las finanzas.

Si la falta de dinero es un problema para empezar tu emprendimiento, ¿a qué te comprometes contigo misma hoy para cambiar eso?

_____

_____

Estos son algunos de los obstáculos que día a día le impiden a muchas mujeres como tú y como yo cumplir sus metas, estoy segura de que tú tienes tu propia lista de obstáculos que se te han presentado a lo largo de tu vida y así cada una los tendremos. Identificarlos es lo primero para poder superarlo, recuerda que no podemos cambiar lo que no conocemos, después buscar maneras de quitarlas del camino y comenzar a accionar diferente en pro de tus metas. Las siguientes son algunas de las tácticas y actividades que personalmente realizo para tener éxito en el cumplimiento de mis metas.

LO QUE ME ACERCA A MIS METAS

Lo primero y más importante será siempre la planificación. Una vez que están escritas y definidas tus metas, deberás llevar un control del cumplimiento de estas. Si tu meta es a largo plazo, debes dividirla en pequeñas partes, ya que, si se torna largo el camino a cumplirla, puedes perder el interés y te desvíes de tu objetivo; en lugar de eso, ir logrando cada una de las pequeñas metas te dará un gusto inmenso de placer y satisfacción y te mantendrás lo suficientemente motivada a continuar el largo camino que prosigue.

El éxito es la suma de pequeños esfuerzos que se hacen día tras día. —Robert Collier

Utiliza este ciclo de desarrollo para cada una de tus metas:

1. ***Define tu por qué:*** cuando la razón no es suficientemente grande o importante, la meta puede llegar a no cumplirse. Esta es la pieza que hará que tu visión se convierta en una realidad. Es muy importante entender tu verdadero por qué. Sin un propósito (un por qué) profundo, no podrás superar los momentos más difíciles que vengan en tu camino. Al final del día, mi por qué me lleva y me empuja a través de esos días bajos o en los que no quiero hacer lo que sé que tengo que hacer, entonces recuerdo mi porqué y no hay manera de rendirme. Sé muy específica a la hora de escribirlo y para ello te daré una técnica que enseña *Dean Graziosi*, de **Los Siete Niveles** de respuesta a tu verdadero porqué.

Puedes hacerlo con alguna otra persona para que sea aún más impactante. A la primera pregunta: ¿Cuál es tu porqué? vas a escribir lo más importante para ti. Después vas a hacer otra vez la misma pregunta del porqué, pero cuestionando esa primera respuesta. Así sucesivamente en secuencia vas a cuestionar cada respuesta a esas siete preguntas del porqué. Verás cómo las primeras respuestas vienen de tu mente, no significa que estén malas, pueden ser importantes respuestas, pero no vienen de lo profundo de tu corazón. Después de la cuarta pregunta que respondas el por qué eso es importante para ti, ahí comenzarán a surgir respuestas de tu corazón. Lo sorprendente de este ejercicio es sacar las cosas más importantes que pasan cuando te preguntas a ti misma siete veces el porqué es importante eso y ver cómo tus respuestas pasan de tu cabeza a tu corazón y espíritu.

Cuando yo hice este ejercicio y me preguntaron mi porqué, —Nivel 1—, contesté que deseaba hacer las cosas que me hicieran feliz (mi propia definición de éxito) y ayudar a otras mujeres a que también lo lograran. Luego la secuencia de preguntas y respuestas fueron:

—Nivel 2— ¿Por qué quieres lograr tu definición de éxito y ayudar a que otras mujeres también lo logren?

—Porque la vida es muy corta y veo a muchas personas vivir la vida que les toca y no la que desean —respondí.

—Nivel 3— ¿Por qué lograr esto te hace sentir exitosa?

—No quiero seguir ni que otros sigan patrones de conductas impuestos por la sociedad, solo que podamos vivir una vida agradando a Dios y cumpliendo nuestro llamado.

—Nivel 4— ¿Por qué quieres cumplir tu llamado y no quieres seguir patrones de conductas impuestos por la sociedad?

—Porque Dios nos hizo únicos a cada uno, con dones y misión única por cumplir, somos creativos de maneras diferentes, pensamos, actuamos y deseamos todos cosas diferentes, entonces, porqué debemos todos lograr lo mismo?

—Nivel 5— ¿Por qué quieres ser diferente y enseñarles a otros que también lo sean?

—Porque me apasiona la idea de ayudar a otros, que mis hijos sigan ese ejemplo y sean felices haciendo lo que ellos desean.

—Nivel 6— ¿Por qué es importante para ti que tus hijos y otros sean felices haciendo lo que ellos desean?

—Porque si hacen lo que desean, primero tendrán ellos mismos el control de sus vidas, serán felices, libres, el dinero les llegará por añadidura y también tendrán el tiempo y los recursos para ayudar a otros.

En ese momento mis ojos estaban llenos de lágrimas, hablando realmente de lo que me apasionaba. Con todo mi corazón y firme convicción respondí a la última pregunta:

—Nivel 7—¿Por qué es tan importante para ti todo esto?

Porque quiero agradar a Dios, cumplir mi llamado, dejar un gran legado que contribuya a un mundo mejor y que otros también lo logren, siendo felices y sin limitaciones.

Mi corazón habló, mis sentimientos a flor de piel y mis lágrimas no paraban. **Mi porqué era dejar un gran legado según lo que Dios planeó para mí.** Sabía que estaba lejos de tener la mayoría de las cualidades que esto implicaba, pero segura de que, con la ayuda de Dios, lo conseguiría. Quería que mis hijos y otras personas aprendieran y copiaran todas esas buenas acciones, para que cada uno aportáramos un granito de arena, mejoraríamos nuestra vida en familia, después nuestra comunidad, nuestro país y así estaríamos creando un mejor futuro a nuevas generaciones.

Mi objetivo no ha cambiado desde entonces, pero en las oportunidades que lo he repetido yo sola después de ese día, he visto cómo cada vez soy más específica, directa y mis respuestas tienen más peso. Cuanto más conozcas tu porqué, mejor lo usarás para motivar tus acciones.

Ahora es tu turno. Responde a la primera pregunta y desarrolla cada nivel, escribiendo desde lo más profundo y sincero de tu ser. Mejor, si lo haces, que otra persona te haga las preguntas. No importa si está o no relacionado con las respuestas "normales" de otros, recuerda que somos únicos y dentro de eso está nuestra propia belleza.

—**Nivel 1**—¿Cuál es tu porqué?

_____

_____

_____

_____

—**Nivel 2**—¿Por qué _____

_____?

_____

_____

_____

_____

—**Nivel 3**—¿Por qué _____

_____?

_____

_____

_____

_____

—**Nivel 4**—¿Por qué _____

_____?

_____

_____

_____

_____

—**Nivel 5**—¿Por qué _____

_____?

_____

_____

_____

_____

—**Nivel 6**—¿Por qué _____

_____?

_____

_____

_____

_____

—**Nivel 7**—¿Por qué _____

_____?

_____

_____

_____

_____

2. ***Estrategia y planificación:*** este será el paso a paso de lo que quieres hacer. Usando el ejemplo anterior, aquí debes escribir exactamente de qué será tu negocio, productos, servicios, educación, etc., fabricación, tiempos y medios de entrega, desarrollo de páginas, contenidos, tiempos de desarrollo y todo lo que necesites para que tu negocio ya esté rodando. En el capítulo 5 tendrás más detalles y guía que te ayudarán con esto (Plan de Negocio).

3. ***Plan financiero:*** escribe aquí todos los gastos, inversiones, precio de tus productos o servicios y posibles ganancias. No olvides que es muy importante siempre crear un presupuesto para tu educación y para la publicidad.

4. ***Sistema formativo:*** aquí debes tener claro dónde vas a adquirir la educación para volverte más experta sobre

tu negocio; preguntar y seguir consejos de personas con éxito en tu industria será muy valioso, también cursos y especializaciones. Por otro lado, debes tener muy en cuenta el sistema formativo que ofrecerá tu negocio. Recuerda que compartir tus conocimientos no te hace perder, por el contrario, enseñar a otro te hace fortalecer tus conocimientos y crecer, agregar valor a las personas es otra forma de enriquecerte moral y económicamente. Lee más sobre educación en el capítulo cuatro.

5. *Ejecución:* si no te lanzas al ruedo aún con tus miedos y deficiencias, no habrá valido la pena todo el esfuerzo. Accionar es lo que hace que un sueño se convierta en realidad, así que no esperes a mañana para empezar.

6. *Medición de resultados:* este paso muchas personas lo olvidan y es de suma importancia, si no lo haces tú, tu crecimiento se verá muy limitado y no habrá progreso. Lo utilizamos para analizar lo que hicimos, cómo lo hicimos y qué podemos mejorar de eso.

Repite el ciclo constantemente y verás cómo la lista de tus logros y metas cumplidas será incontable.

La productividad, disciplina y el enfoque son de las principales características con las que luché por mucho tiempo para lograr mis metas y a muchas mujeres les sucede lo mismo. Aunque hoy en día tengo claro cómo trabajar y lograr lo que me propongo, estoy muy lejos de la perfección, tengo semanas muy productivas, pero también semanas indisciplinadas, poco productivas y con menos enfoque. Lo importante aquí es que esas semanas sean mucho menos que las productivas y que al final tu objetivo siempre esté como prioridad. Repite este proceso por más de tres meses y se convertirá en una rutina que no podrás detener.

Yo utilizo un cuaderno donde llevo el control de mis actividades de acuerdo con lo planificado. También para ser más productiva con mi tiempo, durante las horas de ejercicio que realizo a la semana, en lugar de música, escucho un audio relacionado principalmente con la meta o proyecto que esté desarrollando en ese momento. Por ejemplo: cuando comencé a hacer inversiones, todos los días por varias semanas, lo único que escuchaba eran audios de finanzas e inversiones. Esta práctica me da más conocimiento en mi enfoque y a la vez me da la motivación para comenzar mi día.

MI DIARIO

A continuación, te doy el cuadro que utilizo diariamente cuando inicio una meta importante, le llamo *"Mi Diario"*. Dependiendo de las horas que vaya a dedicarle a la meta y a los diferentes enfoques que tenga mi día, creo sesiones aproximadamente de 45 minutos de trabajo y 15 de descanso.

DÍA 1 Fecha: _____
Mi rutina de la mañana

    o

    o

    o

    o

Empezaré a las: _____ Terminaré a las: _____

_____

_____

SESIÓN 1: Tiempo de trabajo:_____ Tiempo de descanso:_____

Mi enfoque de esta sesión:

(Una vez terminado este tiempo)

¿Qué logré terminar?_____

¿Me siento satisfecha con lo que hice?

_____

_____

SESIÓN 2: Tiempo de trabajo:_____ Tiempo de descanso:_____

Mi enfoque de esta sesión:

(Una vez terminado este tiempo)

¿Qué logré terminar?_____

¿Me siento satisfecha con lo que hice?

_____

_____

SESIÓN 3: Tiempo de trabajo:_____ Tiempo de descanso:_____

Mi enfoque de esta sesión:

(Una vez terminado este tiempo)

¿Qué logré terminar?_____

¿Me siento satisfecha con lo que hice?

_____

_____

__Del 1 al 10, cuánto fui productiva en todas las sesiones de mi día: _____

¿Qué cambios o cosas puedo hacer para mejorar mi productividad de mañana?

Escribo y planifico mi siguiente día.

_____

_____

Capítulo 4

LA EDUCACIÓN EN EL CUMPLIMIENTO DE LOS SUEÑOS

Si eres de las que observa el potencial en las cosas, aun cuando estas sean poco probables y no lo dejas en la mente, sino que trasciende al mundo físico, para modificar la realidad a gusto y crearlo, eres una soñadora. Tener sueños es un requerimiento para ser una emprendedora, los sueños nos mantienen vivas y nos dan esa razón de continuar día con día. El hombre a través de la historia ha creado cosas maravillosas y todo lo que existe hoy fue creado a partir de un gran sueño.

"Cada gran sueño comienza con un soñador. Siempre recuerda que tienes dentro de ti la fuerza, la paciencia y la pasión por alcanzar las estrellas y cambiar el mundo". —Harriet Tubman

LOS ESTADOS DEL CORAZÓN

Todos los servicios y productos que conocemos hoy en día son el resultado de un soñador que decidió emprender y convertir en realidad ese sueño. Las mujeres somos muy soñadoras, pero necesitamos saber de dónde vienen esos sueños o por qué. Vienen de Dios o de tus propios deseos. Una característica particular de los sueños que vienen de parte de Dios es que son muy altos, muy grandes y no se comparan a los nuestros. Los sueños que vienen de nosotras mismas pueden estar procesando eventos y traumas. También pueden enfocarse en nuestros propios deseos y miedos. Si no hemos alcanzado cosas mayores, tal vez es porque nos hemos negado a soñar, hemos sentido miedo y no hemos aceptado el tamaño de los sueños de Dios para nuestra vida. Recuerda que Dios quiere que soñemos en grande y para lograr entender esos sueños, debes abrir tu corazón a Dios.

Hay tres estados del corazón que son necesarios para cumplir los sueños de Dios:

1. **Fe:** cuando no tenemos suficiente fe para creer que los propósitos de Dios se cumplirán, no tenemos un requisito importantísimo para que estos sucedan. Me encanta la historia de Abraham en la Biblia, donde Dios le prometió hacer de él una gran nación, bendecirlo, engrandecer su nombre, bendecir a los que le bendijeran, maldecir a los que le maldijeren y que en él serían benditas todas las familias de la tierra. Pero nada de eso sucedió hasta que su fe no fue probada en varias oportunidades.

2. **Humildad:** Dios resiste al orgulloso, pero siempre recibe al humilde. En el instante que comienzas a creer que puedes hacer algo sola, sin Él, dejas de calificar para sus sueños. Pero cuando le dices que sus deseos son lo más importante, su poder es desatado para bien.

3. **Corazón abierto:** necesitas tener tu corazón abierto a Él para que sus sueños se puedan cumplir en ti. Dios está tocando a la puerta, solo quiere que le abras de par en par. Debes permitirle entrar, darle el permiso de hacer lo que Él quiera, que su voluntad predomine y que todo sea para su gloria. Cuando ya no haya ningún obstáculo de tu parte, te aseguro que todo será posible.

Cuando empecé mi carrera como emprendedora, una de las primeras cosas que me tocó escribir fueron mis sueños. Tenía muchos, pero pocos específicos y medibles.

Siempre he sido una mujer que ama y disfruta hacer muchas cosas y mi lista de sueños resultó estar muy dispersa por varios caminos. Me sentía capaz de hacer varias cosas y quería hacerlas todas a la vez. Primero oré para que esos sueños que emprendiera vinieran de parte de Dios para mi vida, entonces continué con buscar educación en las cosas que más me llamaban la atención.

LA EDUCACIÓN QUE NECESITO PARA EMPRENDER

La educación es buena y necesaria, creo fielmente en la importancia de la buena educación para todo en la vida, pero ¿qué tipo de educación estamos teniendo? Es un punto clave para tomar el mejor camino en el emprendimiento.

Hoy veo claramente y entiendo la orden programada que recibimos desde pequeños de ir al colegio, sacar los mejores grados, estudiar la carrera que genere más dinero y demanda en la mejor universidad, obtener todos los títulos universitarios que se puedan, conseguir el trabajo mejor remunerado, emplearse y ser bueno en el trabajo durante 50 años para poder pagar las cuentas y a los 65, 70 años, poder pensionarnos con solo una parte de lo que fue ese salario por tantos años. No tengo nada en contra de ese estilo de vida, pues era lo mejor que nuestros padres nos podían enseñar y lo que probablemente traía mejores resultados en aquella era industrial en la que vivían ellos, sin embargo, hoy en día no es la realidad ni es el estilo de vida con el que sueño, ni el estilo de vida que le quiero transmitir a mis hijos, porque ya no estamos en la era industrial, nuestros tiempos son de la era tecnológica y debemos vivir de acuerdo con lo que ella demanda.

¿Te enseñaron eso también tus padres? _____

Es bueno ver que, de aquella era industrial de nuestros padres a esta era tecnológica, la mayoría de las cosas y tendencias han evolucionado y continuarán evolucionando. Me encantan los cambios, soy una persona en constante cambio y crecimiento, tengo un par de diferencias con la educación tradicional, pero amo el aprendizaje y exhorto a mis hijos a ello todos los días. Veo que el sistema educativo no ha evolucionado y continúa educando niños para la era industrial; no los preparan con herramientas para vivir en una etapa cambiante, los incitan a seguir paradigmas de aprendizajes obsoletos, exigencia y presión para lograr mejores grados académicos y así la escuela pueda obtener más recursos económicos del gobierno, pero se olvidan que al final son solo niños que necesitan aprender con experiencias y de acuerdo con su propio ritmo, no encajándolos a las malas en un sistema cuadrado y que en algunos casos terminan siendo diagnosticados con desórdenes mentales y medicados.

¿Te gusta decidir tu misma lo que quieres aprender, cómo y cuándo? _____

¿Qué libros estás leyendo o qué curso estás estudiando?

_____

_____

La sociedad nos ha preparado para ver los estudios universitarios como una solución a todos los problemas relacionados con hacer dinero. Si quieres ganar más dinero, si quieres un mejor trabajo, si te despidieron o si el país está en recesión, ¿qué es lo típico que se cree correcto hacer? Volver a la universidad. La mayoría de las personas creen que agregando más títulos universitarios conseguirán un mejor trabajo o resolverán todos sus problemas financieros. Y créeme que no estoy en contra de la educación superior, me gradué y tengo un título como ingeniera de Sistemas, inglés como segunda lengua, estudios en Pedagogía y mi más reciente asociado en Estudios Bíblicos.

He invertido varios años de mi vida en la universidad, me siento muy orgullosa por eso y los he disfrutado plenamente. También me han costado mucho dinero y sacrificios familiares para lograrlo. Me gustaría que mis hijos estudiaran en una buena universidad, que aprendieran muchos temas, conocieran personas de todo el mundo y crecieran como seres humanos, aunque sé que en ese lugar no les enseñarán cómo tener éxito financiero; no espero tampoco que lo aprendan ahí; enseñarles cómo hacer dinero y ser emprendedores es mi responsabilidad. Yo les doy las bases de cómo pueden usar sus mentes para hacer más dinero en lugar de que lo hagan entregando a cambio su tiempo.

Esta es una manera que se sale del concepto tradicional de cómo vivir y generar dinero. Es considerar bien antes de meterse en esa gran deuda estudiantil e inversión de tiempo, el objetivo y el por qué lo vas a hacer. Si la respuesta es encontrar un mejor trabajo para generar más dinero, a pesar de que no es el camino que un emprendedor desea para su vida, no soy nadie para decirte que no lo hagas. Existen varias profesiones que requieren esos estudios y títulos con los cuales se puede generar mucho dinero, como, por ejemplo, un abogado o un doctor, a los cuales no asistiría por ayuda si no hubiesen pasado por la universidad, pero volver a la universidad solo porque otros te digan no tiene para mí mucho sentido. Muchas personas después de graduadas terminan trabajando en otras áreas diferentes a su carrera o en lugares donde ganan más dinero y no necesitaron de sus títulos.

En la universidad no nos enseñan a manejar el dinero ni a tener libertad e inteligencia financiera. Lo que aprendemos es cómo ser lo más funcionales posible laboralmente, cómo buscar y obtener un buen trabajo con buenos beneficios, cómo crear un buen currículo o cómo comportarse en una entrevista. Aprendemos sobre finanzas y economía teóricamente, pero no nos enseñan cómo nosotros mismos podemos hacer dinero con esos conceptos. En la mayoría de los casos, los maestros son profesionales que trabajan por un salario, muchos de ellos enseñan sobre finanzas o emprendimiento, pero no han tenido sus propios negocios o no saben hacer dinero sin dar a cambio su tiempo fuera del aula.

Ese es el porqué creo que ese tipo de educación no es la mejor cuando queremos ser emprendedores o generar diferentes fuentes de ingresos que no dependan de nosotros directamente ni de nuestro tiempo.

La educación que todo emprendedor necesita debe ser práctica, aplicable y que ayude a tener éxito en la vida. No hablo de una educación específica, hablo de un conjunto de conceptos que debes aprender a lo largo de tu vida y que nunca debes dejar de hacer.

Algunos de los conceptos básicos que todo emprendedor necesita aprender son:

❖ Transformación de vida (físico, mental y espiritual).

❖ El poder de los pensamientos y las palabras.

❖ Cómo crear redes humanas.

❖ Ventas.

❖ Cómo crear fuentes de ingresos pasivos.

❖ Cómo mercadear tu marca.

❖ Cómo encontrar los socios correctos para tu negocio.

❖ Cómo manejar tu negocio virtualmente desde cualquier parte del mundo.

❖ Cómo encontrar buenas oportunidades.

❖ Cómo manejar tus finanzas.

❖ Cómo invertir.

❖ Cómo hacer dinero con lo que te apasiona o sabes hacer.

Esta es una muy básica lista de conceptos que te prepararán para tomar ventaja de tantas oportunidades que tenemos a mano, pero que, en la mayoría de las veces, nuestros paradigmas no nos permiten ver. Todos estos temas tú los puedes aprender y una vez obtengas este tipo de conocimientos, nunca más te volverás a preocupar acerca de no tener suficiente dinero.

ADQUIRIENDO CONOCIMIENTO

A continuación, te voy a dar una guía de acciones que me han servido para adquirir estos conocimientos.

❖ **Aprende de otros:** me encanta observar a las personas, sus comportamientos, cualidades, destrezas, fortalezas, etc.; copiar lo mejor de ellos y aplicarlo a mi vida. Cuando veo a alguien con el estilo de vida o negocio que yo deseo, trato de imitar las cosas que lo llevaron a lograr eso. Esa persona debe tener experiencias reales de su vida propia para yo aprender de eso. En varias oportunidades he tenido que pagar dinero para tener un encuentro con ellos y lo he hecho porque sé que si están donde yo quiero estar, han pagado también un precio por ello.

Existen hoy en día un alto número de personas con mucho conocimiento, experiencia y resultados de los que puedes aprender muchas cosas. Si esa persona que admiras y de la que quieres aprender no está accesible personalmente, acércate a organizaciones, libros o información que estén relacionadas con ella. **Cuando estamos abiertos a aprender de los demás, nos beneficiamos tanto de su experiencia como de la nuestra y podemos heredar su sabiduría y conocimiento. Aprender de los demás no es un proceso pasivo, sino que requiere trabajo y compromiso por nuestra parte.**

❖ **Leer:** esta es una actividad que amo hacer, a pesar de que me cuesta mucho organizar mi agenda y dedicar tiempo a la lectura, lo hago por convicción y por los beneficios que esto me trae para mi crecimiento. Tengo aproximadamente 4 años dedicada a leer temas relacionados con mi emprendimiento como crecimiento personal, finanzas, inversiones, liderazgo, transformacional (físico, mental y espiritual), redes, mercadeo, empresarial, etc. Siempre recomiendo dedicar al menos 30 minutos diarios a la lectura como parte de nuestra agenda.

La lectura expande nuestro conocimiento y vocabulario, expone nuestro cerebro a la imaginación y creatividad, conecta con la experiencia y conocimientos de otros, reduce el estrés y te desarrolla habilidades de pensamiento crítico.

❖ **Escuchar:** la vida de hoy en día nos abruma con tanta responsabilidad, por lo que, en la mayoría de los casos, dedicar al menos media hora de lectura al día se convierte en una meta caótica. Aun así, debemos dedicar este tiempo mínimo a la lectura diaria, sin embargo, durante el día te darás cuenta de que tienes muchos momentos donde estás haciendo cosas que te permiten estar a la vez escuchando.

Por eso doy gracias a Dios por que existen los audiolibros, videos y YouTube. En la mayoría de mi día, mientras manejo sola, hago ejercicio, cocino o limpio mi casa, aprovecho para ponerme mis audífonos y escuchar un libro o un video. Me encanta y me parece increíble cómo he logrado escuchar un libro en un día, el cual duraba antes un mes leyendo. También me encanta escuchar música, por lo que me programo escuchar música durante mi tiempo de ejercicio dos o tres veces por semana y los libros durante el resto del día. **Si eres de las que no te gusta leer mucho, experimentar con audiolibros te ayudará a ser más efectiva, ahorrar tiempo, aprender más rápido, tener mejor retentiva, entre otros beneficios.**

❖ **Estudiar:** ya hablamos del tipo de educación que es más provechoso cuando se trata de emprendimiento. Aquí también debes tener mucho cuidado con qué estudias y a quién escuchas. El bombardeo de información a la que hoy estamos expuestos, en muchos casos, abruma, sobre todo a aquel que está empezando, suele ocurrir que de ver tanta información y educación toma los caminos que terminan siendo los más costosos, demorados y menos valiosos. Trata de empezar estudiando por tu cuenta, leyendo libros en las bibliotecas y demás recursos libres que te empiecen a orientar y que te den las bases para que después puedas decidir pagar por algo que te agregue valor. **Invertir en tu educación es uno de los aspectos más importantes en tu carrera como emprendedor. No temas hacerlo y mantente siempre en constante aprendizaje.**

❖ **Crear relaciones:** *networking* como muchos lo conocen o traducido al español, redes de negocios. Siempre he creído y he escuchado que el mundo es del que tenga las relaciones. Nunca subestimes a alguien porque no piensa como tú o no te compró tu idea; tú no sabes si justamente esa persona será la que te llevará a conocer a la persona ideal que estás buscando. No dejes de asistir a encuentros, conferencias, reuniones y demás eventos que te permitan socializar, conocer nuevas personas y darte a conocer. **Construye tu red profesional a través del networking, esta es una práctica común en el mundo empresarial y del emprendedor, allí podrás satisfacer diferentes situaciones laborales.**

❖ **Accionar:** definitivamente tomar acción será siempre lo más importante, porque de nada sirve mucho conocimiento, estudios y relaciones, si no está acompañado de la parte práctica. En la acción ponemos en práctica todo lo aprendido, superamos muchos miedos, crecemos en experiencia, creamos hábitos y lo mejor de todo, nos llena de gran satisfacción. ¡Hacer nada te llevará a nada! El tiempo pasa de la misma manera si tomas acción o te quedas en el mismo lugar donde estás ahora, **así que recuerda, para la próxima vez que decidas aprender algo de valor, si esta información no se aplica, mejor será que sigas leyendo cuentos de hadas.**

El hecho de traer con nosotras la filosofía de vida tradicional que nos enseñaron con la mejor intensión nuestros padres no nos quita el hecho de que ahora, sin importar tu edad, tomes las riendas de tu vida y empieces a generar lo que realmente has soñado, has deseado hacer o pensaste nunca poder conseguir. Te invito para que organices tu vida. Replantea tus prioridades, saca del baúl todo eso guardado y con las estrategias que te comparto comienza a generarlo por ti misma.

No importa si has empezado varias cosas y no las has terminado; no dejes que eso te haga sentir incapaz de empezar algo de nuevo y lograrlo. Hoy en día doy gracias a Dios por que me permitió estudiar todas estas cosas, ya que son las piezas claves con las que hoy armo mi carrera como emprendedora, algo que se podía tornar como desperdicio porque quedó solo en estudio; ahora veo todo lo aprendido súper útil y reflejado como enseñanzas en este libro, plasmado aquí a través de mis experiencias, desaciertos y triunfos. Así y aunque todos no funcionamos con el mismo molde, estoy segura que toda ésta información junta, te ahorrará dinero y tiempo.

Anota aquí todos los estudios que hasta el día de hoy has realizado, cuentan carreras universitarias, posgrados, doctorados, cursos, certificaciones, talleres, licencias, etc.

_____

_____

_____

_____

_____

_____

_____

_____

_____

_____

_____

_____

_____

¿Todos tienen relación entre sí? _____

Si la respuesta es Sí, ya tienes el conocimiento base para empezar. La educación es algo que de ahora en adelante debe ser constante y permanente, nunca se deja de aprender. Si tienes claro que todos estos estudios son realmente lo que amas hacer y quieres continuar desarrollando, solo tienes que empezar a planificar tu emprendimiento y desarrollarlo.

Si la respuesta es No, no importa, de igual manera todo lo que se aprende a lo largo de la vida es sabiduría y experiencia y ya verás que en numerosas ocasiones tendrás oportunidad de usarlo y de compartir ese conocimiento con alguien más.

Cuando decides emprender, no se debe hacer solo por capricho o porque escuchaste "está de moda". El emprendimiento no debe hacerse improvisando o por impulsos de motivación del momento. Al igual que un doctor o un abogado, el emprendimiento requiere estudio y preparación para que sea algo profesional y duradero en el tiempo. Una buena idea puede resultar siendo un fracaso por la falta de preparación o conocimientos. El enfoque primeramente debería ser el desarrollo de actitudes, destrezas y conocimientos que te permitan convertir tus ideas en acciones. En segundo lugar, no solo hacer referencia o énfasis a las actividades económicas y la creación de negocio, sino, de manera más amplia, a la transformación de todas las áreas de tu vida, el impacto positivo en otros y el legado que dejarás.

A continuación, te daré una lista de libros que recomiendo como parte básica para tu emprendimiento, esta acción de leer y escuchar audiolibros debe ser un hábito diario si realmente quieres un cambio en tu vida; para lograrlo, no dejes de hacerlo por al menos 90 días seguidos. Si perdiste un día, debes comenzar a contarlos desde cero. Todas las personas que han hecho esto diariamente hoy en día han obtenido todo lo que se han propuesto.

1. *La Biblia*
2. *Padre Rico, Padre Pobre* de Robert T. Kiyosaki
3. *Piense y hágase rico* de Napoleón Hill
4. *Los secretos de la mente millonaria* de T. Harv Eker
5. *El cuadrante de flujo de efectivo* de Robert T. Kiyosaki
6. *Pensar en Grande, la magia del éxito* de David Schwartz
7. *El Vendedor más grande del mundo* de Og Mandino

8. *Los siete hábitos de la gente altamente efectiva* de Stephen R. Covey
9. *El Hombre más rico de Babilonia* de George S. Clason
10. *Más allá de la cumbre* de Zig Ziglar
11. *Empodérate y gana en la nueva economía* de Félix Hernández
12. *Desarrolle el líder que está en usted* de John C. Maxwell
13. *Véndele a la mente, no a la gente* de Jürgen Klaric
14. *Doce pilares* de Jim Rohn
15. *El inversor Inteligente* de Benjamin Graham
16. *Cómo ganarse a la gente* de John C. Maxwell

En el siguiente capítulo, te voy a hablar un poco sobre oportunidades y diferentes opciones que vas a poder considerar para emprender y para poder despegar con esos sueños. Puedes volver a revisar la lista de sueños y metas por cumplir que hiciste en el capítulo 3. Si no fuiste lo suficientemente específica con cada sueño, hazlo ahora. Especifica muy detalladamente lo que quieres, cómo lo quieres y cuándo lo quieres. Si tu sueño es, por ejemplo, tener una casa grande y hermosa, especifica cuántos cuartos, baños, tamaño, ubicación, precio, etc. No esperes pasar al siguiente capítulo antes de hacer estos pasos.

Ahora, escribe si ya tienes los conocimientos para lograr esa lista de sueños. Si no los tienes, escribe los libros, cursos, asesorías, mentores, etc. que usarás para aprender de eso. Utiliza las estrategias de planificación y ejecución descritos en el capítulo 3; finalmente, imagínate cada uno de esos sueños ya realizados. Busca música suave, algo que te dé paz, que te relaje y que te permita conectarte con Dios para agradecerle por regalarte esos triunfos y permitirte ver realizados tus sueños.

Los sueños se pueden conseguir, si te capacitas, trabajas lo suficiente y eres perseverante. Nunca dejes de soñar, los sueños son el primer paso para volver lo invisible en visible. El camino no será cómodo y cuando sientas que aumentan las dificultades, te estarás acercando a lograr tu sueño. **Será más importante la persona que te conviertas cuando lo logres, que lo que conseguiste por lograrlo.** A menudo se tarda más de lo que creías, pero si no lo intentas, no sabrás si lo podrías haber conseguido.

Capítulo 5

EMPRENDIENDO MI NEGOCIO EN LA NUEVA ECONOMÍA

He tenido la gran bendición de ser madre a tiempo completo; tanto mi esposo como yo hemos podido disfrutar con nuestros hijos cada momento importante de sus vidas. Decidimos como padres brindarles más momentos de calidad que cantidad de cosas materiales, dedicando la mayoría de nuestro tiempo a crear momentos que ellos no olviden, jugando como niños y en que ellos disfruten estar con nosotros. Amo mi rol de madre y no lo cambiaría por nada, eso no significa que mis sueños y proyectos profesionales tengan que posponerse o guardarse para cuando las condiciones de mi vida estén alineadas perfectamente para cumplirlas, ya que eso nunca sucederá; mi familia necesitaba de mi aporte económico. ¿Qué hacer? ¿Cuál empleo me permitiría salir en los momentos que mis hijos lo necesiten? ¿Qué negocio hacer (no tenemos dinero para arrancar un negocio)? ¿Por dónde empezar? Esas preguntas me las hacía todos los días por varios años, hasta que, por influencia de dos primos que quiero mucho, conocí que había otras maneras de generar dinero, sin necesidad de ser empleada y dejar a mis hijos al cuidado de otras personas. Un concepto que hoy en día es muy común, que no a todos les gusta, pero que es una necesidad entenderlo, ya que el mundo va tan rápido, la tecnología avanza a pasos gigantescos, suprimiendo empleos por máquinas y sistemas, lo que nos lleva a reinventarnos diariamente, le llamamos el **emprendimiento**.

Escribe qué es para ti el emprendimiento.

_____

_____

_____

_____

¿Has tenido algún tipo de emprendimiento en tu vida? Si la respuesta es sí, ¿cuál ha sido?

_____

_____

_____

_____

Uno de los pilares del emprendimiento es el conocimiento, importa más el que tiene el conocimiento que el que tiene el capital, así que empecé a educarme, a leer libros, a planificarme; por primera vez de manera consciente estaba planificando mi futuro y lo que quería para mí y mi familia. Empecé a romper con paradigmas que desde niña mis padres, el colegio y la sociedad me impusieron sin yo pedirlo; No estudiaría la carrera de moda para obtener un empleo que me generara más dinero en ese momento. En lugar de eso, analicé qué estaba haciendo y qué me hacía falta aprender para llegar a donde deseaba.

¿Lo que haces hoy en día como trabajo te gusta y lo seguirías haciendo o lo haces porque no tienes más opción?

_____

_____

_____

_____

¿Cómo eres hoy y cómo te vez en 10 años? Escribe todo sobre cómo te ves tanto en lo personal como profesional, económico y espiritual, y si lo que haces hoy te permitirá llegar a ser la mujer que quieres ser en los próximos años.

_____

_____

_____

_____

Debes aprender a conocerte a ti misma para que sepas qué es exactamente lo que debes cambiar y lo que quieres lograr. **Cuando no sabes quién eres, comienzas a depender de tus habilidades y talentos para sobrevivir. Siempre estarás buscando la aprobación de los demás para que te afirmen y te hagan sentir mejor.** En los siguientes capítulos profundizaremos en cada una de estas facetas.

Ahora vamos a ver cómo el emprendimiento y la nueva economía serán una herramienta favorable para ti también, cuando la comprendes y usas a tu favor. Tener retos siempre me ha llamado la atención, crear cosas, tener la habilidad de pensar y actuar según mis gustos y preferencias ha sido lo mejor que he podido hacer los últimos años de mi vida, sin embargo, todo eso ha tenido un alto precio por pagar. No siempre me es agradable levantarme temprano o cumplir las metas del día, pero es muy gratificante la sensación que da al final haberlo logrado y que la suma de todos esos pequeños sacrificios diarios me den tantos frutos personales, profesionales y económicos.

El emprendimiento lo han definido de varias maneras, pero, generalizando muchos de esos significados, lo podemos definir como el poder de transformar tu visión en un negocio. Implica grandes cualidades y destrezas como:

❖ El coraje de comprometerse y perseverar en todos los desafíos y fracasos.

❖ Persistencia en la búsqueda de una solución innovadora para un problema clave.

❖ El hambre constante por mejorar las cosas.

❖ Toma de decisiones inteligentes.

❖ Tomar riesgos relacionados con el tiempo, el dinero y el trabajo duro.

❖ Pasión por aprender.

❖ Mentalidad de ver oportunidad en todo lugar.

❖ Estar en control total de tu destino.

❖ Voluntad.

❖ Disciplina.

❖ Valores.

❖ A veces imprudencia.

❖ Creencia en ti misma e inspirar a otros a lograrlo también.

TEST DEL EMPRENDEDOR

Cada vez encontramos más mujeres emprendiendo; están llenas de virtudes, habilidades y energía para poder desarrollar lo que desean; son capaces de ser trabajadoras, madres, hijas, amas de casa, esposas y a la vez ser emprendedoras. El punto aquí no es solo quién desea emprender, sino encontrar el balance saludable entre nuestra vida personal, nuestro hogar, nuestros sueños y el emprendimiento. Entonces, antes de renunciar a tu trabajo para perseguir esa idea que se ha estado gestando en el fondo de tu mente, debes considerar si tienes la constitución necesaria para convertirte en emprendedora.

En el siguiente cuadro, vas a poner del 1 al 5 el número que más te represente, los valores para calificarte son:

1 = No soy / No tengo nada de eso
2 = Soy muy poco / Tengo muy poco de eso
3 = Soy poco / Tengo poco de eso
4 = Yo soy así / Tengo mucho de eso
5 = Exageradamente soy así / Tengo todo de eso

CUALIDADES Y DESTREZAS	CALIFICACIÓN				
	1	2	3	4	5
Transformar una visión en un negocio.					
Coraje de comprometerse y perseverar en todos los desafíos y fracasos.					
Persistencia en la búsqueda de una solución innovadora para un problema clave.					
El hambre constante por mejorar las cosas.					
Toma de decisiones inteligentes.					

Tomar riesgos relacionados con el tiempo, el dinero y el trabajo duro.					
Pasión por aprender.					
Mentalidad de ver oportunidad en todo lugar.					
Estar en control total de tu destino.					
Voluntad.					
Disciplina.					
Valores.					
Imprudencia.					
Creencia en ti misma e inspirar a otros a lograrlo también.					
Querer una vida diferente.					

Ahora que pusiste tu calificación, suma los puntajes y divídelo por 15.

Si obtuviste 4.00 o más, realmente tienes las cualidades y destrezas para ser una emprendedora exitosa.

Si obtuviste entre 2.00 y 3.99, tienes lo básico para empezar, pero te faltan ciertas destrezas por mejorar. Recuerda que cualquier destreza la puedes desarrollar, si eso es lo que realmente quieres hacer, así que no te rindas y desde hoy ponte a trabajar en las cualidades que necesitas reforzar.

Si obtuviste menos de 1.99, necesitarás trabajar más en mejorar tus habilidades para considerar emprender. Tómate tu tiempo para construir un plan de acción, buscar mentores, capacitarte y crear esa mentalidad encaminada a lograr lo que realmente quieres en tu vida. No te puedo afirmar si una persona nace con todos estos talentos o su entorno y circunstancias lo hacen, pero sí te puedo asegurar que, después de que tomes la decisión de hacerlo, TODO es posible de aprender y desarrollar.

Debemos entender varios conceptos que nos van a dar solidez, convicción y nos van a ayudar a despegar en nuestro emprendimiento. Empecemos por entender que estamos en un mundo cambiante, en un mundo donde la tecnología ha alcanzado niveles sorprendentes y que nos da posibilidades y oportunidades que antes no se encontraban. Entender y aprender a aplicar todos estos avances nos dará más probabilidades de éxito.

LA NUEVA ECONOMÍA

Analicemos como primer aspecto que, queramos o no, estamos en una economía cambiante. Una de las personas que más nos habla y enseña de este concepto es un hombre al que aprecio, admiro, respeto y he aprendido mucho de él, su nombre es Félix Hernández y él, en su libro *Empodérate y Gana en la Nueva Economía*, nos da una definición muy precisa de lo que hoy en día conocemos como nueva economía: **es una realidad que está pasando justo frente a nuestros ojos y que en sí misma constituye un cambio dramático de los ejes y puntos de referencia bajo los cuales fuimos educados para funcionar respecto a los negocios y las finanzas.**

Es decir, que la nueva economía es el nuevo paradigma económico del siglo XXI, por ello debemos analizar los parámetros que la rigen, a fin de tratar de comprender hacia dónde debemos dirigirnos y entender con claridad cómo ser exitosas en estos tiempos.

Hoy en día ya no vivimos en la Era industrial, donde ser empleado y tener los recursos económicos son lo más importante. Nos encontramos en la era tecnológica, donde cualquier persona desde cero puede convertirse en millonario, aplicando y conociendo la manera como funciona dicha economía y cómo usarla a su favor para lograr con su emprendimiento lo que desee. Es decir, el recurso intelectual se convierte en tu ficha clave, teniendo lo anterior, puedes asociarte a una persona que cuenta con recursos económicos y juntas poder desarrollar un proyecto grande, o sea, que **la integración de recursos produce mayores resultados.**

Otra variable indispensable en la nueva economía es que **nadie se hace rico solo.** Si en nuestro camino de crecimiento y éxito nos preocupamos por que otras personas también tengan resultado, nuestras ganancias en todo aspecto serán mayores. Un ejemplo de esto sería el caso de un dueño de negocio que tiene empleados a su cargo, con pagos de nóminas y cargas sociales; si reduce esa nómina a un mínimo y a todos los demás los vuelve socios de su negocio, tendría un crecimiento exponencial, porque cuando tú eres parte de un negocio, te importa más su crecimiento, bienestar y prosperidad, en cambio, como empleados, en la mayoría de los casos son personas que trabajan por un salario, sin importar realmente el éxito del negocio.

Las personas son más importantes que los resultados: si para ti las personas son más importantes que los resultados, empezaste por buen camino. El recurso humano es la pieza más valiosa que vas a tener en tu emprendimiento o en tu empresa. Mientras más valores y cultives relaciones, tu negocio va a ser más grande y valioso.

En los últimos años, he tenido la bendición maravillosa de viajar y conocer diferentes países y relacionarme con diferentes tipos y culturas, eso ha ampliado mi perspectiva de una manera impresionante, he llegado a ver y a analizar el corazón del ser humano como tal, así como concluir que realmente lo que los seres humanos tenemos en nuestro corazón es esa necesidad de relacionarnos, de pertenecer a algo y de sentir que valemos y dependemos los unos de los otros. Cuando agregas valor a otros, tiene mucho valor y hace mayor la retención de las personas en tu vida.

Si piensas iniciar un negocio o ya cuentas con uno y manejas algún tipo de producto, considera la otra variable que la nueva economía maneja. Las personas no quieren que les vendas, quieren comprar y recibir algo extra por su compra, significa que son **prosumidores.** Significa brindarle un valor agregado, por ejemplo, si vendes flores, puedes agregarle el derecho a usar tu aplicación donde le enseñas cómo mantener las flores por más tiempo, cómo cultivarlas o si te recomienda a una amiga, obtendrá un descuento adicional o un cupón de descuento, eso los va a convertir en prosumidores, es decir, clientes participativos y vinculados totalmente en la compra.

Algo que no podía faltar por mencionar es que debemos **aplicar la tecnología.** En el mundo actual en el que estamos, es indispensable que cualquier cosa que desarrollemos o que queramos emprender debemos llevarla al internet. Las redes sociales son un aliado importante, pero no el único, una página web y todo medio virtual disponible que esté a tu alcance. Puede que estés pensando que todo esto cuesta mucho dinero y en realidad así es, pero también todas esas herramientas están a tu alcance de manera limitada, pero de cierta manera gratis, con lo cual podrás empezar a levantar tu negocio. A medida que las ganancias van aumentando, deberás ir invirtiendo en mejorar todo tu sistema de mercadeo virtual, ya que tu negocio será sostenible, profesional y duradero en la medida que te vuelvas profesional y consideres siempre la inversión en mejoras. En realidad estos gastos no serían totalmente una inversión, ya que serían los costos de tu negocio.

Si tú eres una persona creativa y tienes algún proyecto que quieras desarrollar, pero no cuentas con el dinero para hacerlo, debes hacer igual la planificación asumiendo que el dinero ya está disponible. Siempre que tengo una situación que me impide cumplir mi propósito, aplico **la ley de las probabilidades,** esta ley significa que para todo problema siempre habrá una salida por más que no lo parezca. Escribo en un papel al menos 10 posibles soluciones a mi problema, desde la más posible a la menor. Empiezo a aplicarlas (desarrollarlas) una por una. Así mismo voy comprobando que alguna de estas posibles soluciones me resuelve el problema y como realmente todo tiene una salida. La única probabilidad de que eso no se cumpla es porque no lo haga.

No olvides sistematizar lo más posible todos los procesos en tu negocio, es importante que, cualquier cosa que hagas, sea duplicable y que lo puedas sistematizar para que sea escalable, ahorres tiempo y te liberes de responsabilidades, las cuales te quitan el tiempo que deberías invertir en continuar creando y prosperando tu negocio. Recuerda, tú eres tu propio negocio, así que tu tiempo y esfuerzo lo debes enfocar en producir más y volverlo más rentable. Un ejemplo de este caso sería como el de mi amiga Diana, quien desea con todo su corazón viajar por el mundo, conocer culturas y experimentar libertad financiera, de tiempo y no fronteras.

Diana actualmente está empleada en una aerolínea internacional, con la cual ha podido viajar y conocer algunos países, pero su sueño es abrir su propia agencia de viajes, brindar un servicio único, personalizado y de alta calidad a sus clientes. Su carisma, trato a las personas y manera de ser le calzan muy bien para cumplir su sueño.

La idea de Diana es muy llamativa para una persona que ame la estabilidad y cumplir horarios, pero cuando hablé con ella y con unas cuantas preguntas que me respondió, se fue dando cuenta de que un negocio así limitaría mucho su sueño de libertad en todo sentido.

Tendría ahora cargas sociales por los pagos de salarios a sus empleados, gastos altos de mantenimiento del local físico y la dura tarea de entrenar muy bien a sus empleados para que brindaran el servicio de alta calidad que solo ella como dueña de su negocio brindaría a sus clientes. Antes de que sintiera decepción al concluir que su gran sueño de abrir una agencia de viajes no estaba alineado a la otra parte de su ser libre y viajero, le expliqué que tenía otra posibilidad de alinear sus dos sueños y hacerlos realidad juntos, sin sacrificar ninguno de los dos. Ella con toda su experiencia y con ayuda de la tecnología podría crear una agencia de viajes totalmente virtual (por ahora), la cual sería atendida por ella personalmente (para empezar y antes de optimizar todos los procesos). Tendría gastos mínimos de mantenimiento, cero pago de salarios, escalabilidad ilimitada, libertad de tiempo y espacio, y sus ingresos podrían multiplicarse por 100 o 1000, ya que, con una campaña de mercadeo y una plataforma digital creada, ella podría estar vendiendo a 100 clientes a la vez en 100 países diferentes. Mientras que su primera idea de una oficina local estaría muy limitada a espacio, tiempo y capacidad humana de atender una persona a la vez.

Este caso de mi amiga Diana es parte de algunas de las personas allegadas a las que he podido ayudar mostrándoles cómo los conceptos de la nueva economía juegan a favor nuestro cuando los sabemos usar.

Hasta ahora solo hemos planificado nuestro emprendimiento, pero este no sería tal cual, si no generara ingresos pasivos. Los **ingresos pasivos** son aquellos que se reciben con poca o sin necesidad de acción directa ni presencia física de la persona. Un empleado que da su tiempo a cambio de su paga tiene ingresos activos o también conocidos como ingresos lineales, es decir, si no trabaja, no gana; intercambio de tiempo por dinero. Su ingreso está limitado por las horas máximas que pueda trabajar y por lo mismo no se considera una manera de hacer riqueza.

Los dueños de negocios tradicionales se encuentran en la misma situación, a pesar de que pueden aumentar sus ingresos, estos están limitados por su capacidad personal de producción. El límite del negocio son las horas máximas que pueden trabajar a la semana y, por otro lado, si están enfermos o se van de vacaciones, dejan de generar ingresos. Los ingresos pasivos podrían tomarle trabajo conseguirlos y ponerlos a correr, pero eventualmente podrían crear dinero mientras duermen.

Ejemplos de ingresos pasivos son:

❖ Los bienes raíces

❖ Derechos de autor

❖ Venta de productos digitales

❖ Programas de afiliados

❖ Redes de mercadeo

Cómo generar ingresos pasivos sin tener que trabajar no es lo que trato de enseñarte. Al principio requieren de mucho trabajo, planeación, estrategia y dedicación, que eventualmente comenzarán a generar ganancias por sí solos. Los ingresos pasivos nos permiten cumplir nuestros sueños, ayudar a otros y tener libertad de tiempo y dinero. Aún si eres una mujer que se desempeña en un empleo contratada y te apasiona ese estilo de vida, debes pensar en crear fuentes de ingresos pasivos. Estos ingresos te darán el respaldo económico en caso de una enfermedad, incapacidad o para tu vejez.

Las redes de mercadeo son otro ejemplo importante y significativo de un ingreso pasivo. Cuando hablo de redes de mercadeo, con lo primero que la mayoría de las personas lo relacionan es con un multinivel. El término redes implica mucho más allá, un gran todo que muchos ignoran, es el intercambio de algo entre dos o más personas con un mismo interés. Hoy en día todo funciona o se maneja con una red, empresas, iglesias, familias, intereses, comunidades, etc. El futuro de las empresas que aún no se han adaptado a lo que la nueva economía exige está siendo o será considerablemente muy afectado en su continuo crecimiento y finanzas. Ejemplos claves de avance y adaptación de estos conceptos son empresas como Uber,

AirBnB, Amazon, Netflix y todas las redes sociales como Facebook e Instagram; son empresas que han buscado personas asociadas en lugar de empleados, sistematizando sus procesos para reducir increíblemente sus gastos de mantenimiento; su nivel de crecimiento y expansión son ilimitados al funcionar como una red, donde los mismos miembros se encargan mayormente de la publicidad y expansión. Es un ganar/ganar para todos los asociados a este tipo de negocio, por eso su rentabilidad y proyección es mucho más sólida que cualquier otra.

MEGATENDENCIAS EN LA NUEVA ECONOMÍA

Las megatendencias son fuerzas mundiales capaces de transformar el futuro impactando nuestra vida, los negocios, economías, industrias y sociedades completas, nos guste o no, tengamos conocimiento de ellas o no. Somos parte de un mundo y una economía cambiante y, aunque puedan existir diferentes megatendencias, la clave es qué tanto ese impacto nos afectará y si será positiva o negativamente. Por eso la importancia de la educación para entenderlas y usarlas para nuestro beneficio. A continuación, se presentan algunas megatendencias globales que son las más destacadas para el futuro del mundo.

1. *La información y tecnología* ha venido transformando nuestra sociedad por los últimos 30 años. Nuevos

avances de tecnología para todas las industrias están creando valiosas oportunidades tanto para emprendimiento como para mejora y expansión de actuales compañías. Hacer uso y aplicación de esto ha permitido que empresas grandes como Walmart y Target estén disminuyendo drásticamente sus costos del negocio y aumentando sus ingresos y expansión mundial. El cierre de cientos de tiendas físicas, la implementación y optimización de sus páginas web y mercadeo virtual, que han dejado a miles de personas y familias sin empleo, es lo que ha permitido a estos monstruos comerciantes ser más competentes cada día y generar más ganancias con menos costos. Es decir, que si sus gastos disminuyen, tienen gran ventaja sobre el mediano o pequeño comerciante con locación física (con altos gastos del negocio), de crear más ofertas, disminuir sus precios y crear incentivos a sus clientes para promover cada día más la costumbre de comprar *online* y dejar de ir a sus tiendas físicas. Por esta razón, cada día vemos más cierres de tiendas físicas e incremento de tiendas virtuales.

El progreso de la tecnología como la robotización e implementación de *software*, además de incrementar la productividad de cualquier negocio y reducir los costos de mantenimiento, eliminan la mano de obra de baja calidad del mercado y crean nuevas demandas de habilidades humanas. Por eso hablo tanto de la importancia de entender este fenómeno imparable, que cada día deja sin empleo a más personas que no han querido subirse a la Nube, aprovechar estos cambios y sacar provecho de ello.

2. Gracias a esa nueva demanda de habilidades humanas, *la Educación* se convierte en otra megatendencia. Parte de esta evolución está dando respuesta a la necesidad constante de capacitación en habilidades pensantes, el trabajo en equipo, la toma de decisiones, la comunicación y la capacidad para planificar, organizar y priorizar el trabajo. Aprendizaje básico para tu emprendimiento, accesible hoy en día gracias al conocimiento por vías colectivas de multitudes con altas capacidades dispuestos a compartirlo con el mundo entero a través del internet, obligando a universidades a incorporarlas también en sus clases y elevar sus estándares de calidad y diversificación. El ser humano fue creado con la necesidad insaciable de conocimiento, siempre será una megatendencia, lo que nos abre una gran oportunidad para nuestro emprendimiento y más si lo usamos junto con la tecnología.

3. *La salud, el bienestar y el medio ambiente* son otra megatendencia con la que contamos. Nuestra sociedad se está volviendo más sensible a mejorar su salud, su cuerpo, su estilo de vida y el medio ambiente. Esto permite ser parte de una industria que mueve trillones de dólares alrededor del mundo. Muchas

opciones pueden surgir de esta megatendencia, desde vender productos, cursos para el cuidado personal, bajar de peso, cocinar saludable, hasta sociedades u organizaciones para la preservación del medio ambiente y de especies en vía de extinción, cambios climáticos, problemas de gestión de la tierra, prácticas agrícolas y más.

4. *El entretenimiento y la seguridad* son otras megatendencias que se pueden considerar a la hora de emprender. Todos necesitamos descansar, relajarnos, distraernos, entretenernos y sentir que nuestra vida, bienes personales y datos virtuales estén seguros. Cuando encontramos la necesidad y podemos suplir la solución, entonces hemos logrado establecer un beneficio.

Si bien están muy interrelacionadas, las megatendencias se pueden agrupar ampliamente en tendencias que reflejen los cambios en el estado y las expectativas de los individuos, los cambios en la economía global y los cambios en el entorno físico.

A la hora de decidir tu emprendimiento, trata de no ir en contra de la corriente. Si las personas a tu alrededor, la televisión y el mundo entero te dicen que buscan un mejor estilo de vida, no trates de vender o promocionar algo que vaya en contra de esa tendencia, como, por ejemplo, vender cigarros. Vender cigarrillos va en contra de esta tendencia saludable del momento, no quiere decir que no vayas a tener éxito en eso, pero tu crecimiento y tu éxito van a estar limitados en la medida que las masas se muevan en tu contra. Ve siempre donde te produzca más resultados y más crecimiento.

Después de analizar las megatendencias y enfocarte en una de ellas o en esa idea de emprendimiento que ya tienes, vamos a empezar a darle forma. Algunas mujeres se quedan en ideas y nunca llegan a concretar su proyecto porque lo ven imposible o no accesible considerando sus situaciones actuales y piensan que solo unas pocas con suerte lo logran. La realidad es que la mayoría de nosotras ya tenemos lo que necesitamos: una buena idea, la creatividad, un poco de dinero y la ayuda de Dios por delante de nosotras que nos abre puertas donde quiera que se vean cerradas. Es normal sentirse abrumada o con miedo al inicio, pero una vez que estés encaminada, verás que todo irá fluyendo mejor.

PLAN DE NEGOCIO

Planificar nos ayuda a maximizar la utilización de los recursos con los que contamos y reducir el desperdicio de estos. El plan de negocio que, a continuación, te voy a mostrar, el cual podrás utilizar también para planificar tu emprendimiento, ha sido muy adaptado a mis necesidades, a medida que se me ocurre algo que necesito, lo escribo en mi agenda, así fue como saqué adelante este proyecto de escribir mi primer libro, pero tú lo podrás adaptar a tus propias necesidades. **Un plan de negocio** es siempre necesario si no quieres sorpresas o pérdidas, este plan cubrirá como tal lo que será tu negocio, el tiempo y cómo lo vas a lograr; no elaborar un plan de negocio es como salir de tu casa a un lugar nuevo sin tener una ruta que seguir, así nunca llegarás a tu destino. Entonces, veamos los pasos para arrancar con nuestro emprendimiento.

1. ***Describir el negocio:*** aquí pondremos las bases de nuestro futuro negocio. Si para empezar eres tú sola, no necesitarás preocuparte por métodos de contratación de personal, pero sí debes considerarlo, si piensas que tu negocio tendrá escalabilidad. En esta sección escribirás el nombre, locación, problema que estás resolviendo a tus futuros clientes, la solución al mismo, por qué tu cliente te debe escoger a ti y no a tu competencia y todo lo esencial para empezar a operar. Tipo de negocio, producto o servicio, el tipo de cliente que quieres para tu negocio, además, cómo es y qué hace tu competencia.

Nombre: _____

_____

Descripción: _____

_____

Locación (Nacional o Internacional): _____

_____

Producto o servicio: _____

_____

Problema: _____

_____

Solución: _____

_____

¿Por qué yo? (mi negocio): _____

_____

Mi competencia: _____

_____

¿Quiénes serán mis futuros clientes? _____

_____

2. **Planificación de presupuesto y gastos:** escribe lo más preciso posible los gastos del negocio para empezar y mantenerlo, costos de producción, presupuesto de dinero con el que cuentas o estrategia para conseguir el capital que necesitas.

Gastos: _____

_____

Costos de producción: _____

_____

Presupuesto: _____

_____

Estrategias para conseguir capital: _____

_____

3. **Proyección:** aquí escribirás tus expectativas de venta y plan de mercadeo, debes incluir cuáles herramientas y plataformas utilizarás.

Ganancias esperadas: _____

_____

¿Cómo le voy a vender a mis clientes?: _____

_____

Herramientas por utilizar: _____

_____

Plataformas: _____

_____

4. **Ejecución:** aquí empieza la acción. Registra tu negocio legal y virtualmente, abre todas las cuentas de negocio que necesites, como de bancos, sistemas de pagos, tarjetas, dominios, hosting, cuentas de correo electrónico, registros en plataformas y redes sociales, etc. Y anota nombres y números de cuentas, contraseñas y demás datos importantes en un lugar seguro, para acceder en caso de que llegues a olvidar alguno.

Cuentas de banco: _____
_____

Dominio y hosting: _____
_____

Cuentas de correo electrónico: _____
_____

Contraseñas _____
_____

5. **Agrega valor y conviértete en un líder:** ya lo hemos mencionado antes, debes educar a las personas a tu emprendimiento y a tus clientes; crea un sistema de formación accesible a todos, con gran contenido de valores y principios, enséñales a ser mejores que tú, agrégales valor cada día, no solamente en lo intelectual

o financiero, sino en lo espiritual, que todos crean y vean que existe un solo Dios ayudador y consolador que nos guía y nos da las fuerzas que necesitamos cada día para seguir adelante. Primero se tú el ejemplo a seguir y verás como ellos serán una copia de tus actos. Las respuestas de tu plan de negocios deben cubrir los aspectos básicos que tu emprendimiento requiera, puedes verlo como un estudio de factibilidad o una forma de ayudar a explorar una idea para averiguar si tiene sentido o no. Otra manera de verlo es como una guía de operaciones, un plan que detalla cómo una nueva empresa va a operar. También lo puedes tratar como una propuesta financiera, un plan que se comunica. Una vez que hayas escrito tu plan de negocios, no debes considerarlo terminado, es un documento que guiará la formación y crecimiento de tu negocio y debes revisarlo continuamente. Un buen plan es uno al que puedes hacerle ajustes y corregir información, los número normalmente cambian en el transcurso de la ejecución del proyecto, por esa razón, no te quedes en este paso, si no tienes alguna de las respuestas del plan de negocio, solo continua.

6. *El sistema de atracción* por implementar será lo novedoso, atractivo y único que tiene tu negocio que otros no o no de igual calidad, con lo que vas a atraer a esos clientes potenciales a tu negocio y se volverán clientes fieles.

Mi amiga Andrea tiene una empresa de venta de flores, la estrategia de negocio que tratamos de implementar en su empresa no podía ser solo la comercialización y venta de rosas, por ser un producto de muchísima más calidad que las típicas rosas que se venden en la ciudad de Miami. Las rosas que mi amiga importa desde Colombia llegan frescas a dos o tres días de haberse cortado y son traídas en neveras directamente en avión, por lo tanto, su costo es más alto, así que la estrategia fue más allá de vender simplemente rosas. En toda la publicidad y estrategias de mercadeo que utilizábamos, lo que el cliente compraba era el mensaje que las rosas transmitirían al ser regaladas a ese ser querido o algún amor. Entonces, las personas compraban un medio para expresar su amor, con mensajes impresos en los pétalos o con mensajes especiales de voz, era un servicio único en la ciudad y cuando las personas identificaban ese valor agregado y esa calidad, se casaban con la empresa y se convertían en clientes fieles. Después de la compra tenían acceso a una página web donde podían pedir sus órdenes a domicilio, se les enseñaba cómo comprar y mantener las rosas vivas por más tiempo, mensajes de felicitaciones de cumpleaños y otros extras a los que solo los clientes fieles tenían acceso.

7. *El sistema de retención* es la manera cómo vas a continuar capitalizándote con un cliente recurrente. En

el ejemplo anterior de mi amiga Andrea y su empresa de rosas, el sistema de retención que aplicamos fue justamente agregarles valor a esos clientes fieles, eso hace que los clientes se sientan especiales, atendidos, son prosumidores y reciben un trato y un beneficio extra que con la compra barata no obtendrían. El nivel de retención de un negocio se puede medir y calificar si está siendo rentable o no, a continuación, te dejo una fórmula con la que vas a poder medir el nivel de retención de tu negocio que nos enseña Felix Hernandez.

Simplemente vas a buscar cuál es la efectividad de tu retención sumando el número de vendedores o de distribuidores con los que cuente tu compañía más el número de clientes que tienes actualmente en total (ya sea que hayan comprado una sola vez o que hayan comprado muchas veces); el resultado de esa suma lo vas a dividir por el total de los clientes que se encuentran en un consumo permanente, es decir, que te compren constantemente (recurrentes); el resultado de esa división lo vas a multiplicar por 100 y ese será el porcentaje de efectividad de retención. Una empresa con un porcentaje de efectividad saludable debería tener, por lo menos, de un 60% o un 70% como resultado de esa operación.

$$\frac{\text{número de vendedores + número de clientes total}}{\text{número de clientes recurrentes}} \times 100 = \text{\% de efectividad de retención}$$

Ya escribiste tus metas, tus miedos, el plan de acción, ya tienes los cimientos, los pasos y la educación básica para arrancar con tu proyecto, ahora debes mantener alimentada tu mente. Asegúrate de cumplir a cabalidad todo lo planificado, no permitas que la comodidad te saque de tu enfoque y te desvíe de tu propósito. Parar y descansar no requiere ningún esfuerzo, arrancar de nuevo es más doloroso. Para que eso no pase, requerirá que hagas sacrificios personales, financieros y familiares; después establece el compromiso fuerte contigo misma; ejecuta una acción diaria en pro de ese plan; mide tus resultados constantemente; analiza el trabajo que has hecho; elimina o cambia lo que no resultó y lo que sí lo vuelves a aplicar y mejóralo cada día. Agrega valor a todos los que te rodean y recuerda que nada verdadero se construye sin valores ni principios, crea cultura, cultura de valores, cultura de desarrollo de liderazgo, de crecimiento, de familia y verás como tu emprendimiento y tu empresa se verá creciendo sin límite.

Capítulo 6

FINANZAS
ORGANIZADAS

Cuando llegamos a vivir a los Ángeles, California, en el año 2006, junto con mi esposo y mi hijo mayor, mi esposo llegó contratado por una orquesta de la ciudad con un monto mensual pequeño, pero suficiente para rentar un pequeño apartamento y empezar nuestra nueva vida en este país. Luego, yo comencé a trabajar como vendedora en una agencia de seguros de vida, auto, casa y negocio, y nuestra situación económica comenzó a mejorar. Después mi esposo empezó a trabajar como músico de Juan Gabriel y de Johan Sebastián. Viajaba casi todas las semanas a México, teníamos una situación económica bastante buena, pero nuestra familia estaba muy separada. Para el año 2008, mientras nuestra situación financiera mejoraba, el país entró en una de sus peores crisis económicas. Lo que para muchos significó pérdidas de casas y de millones de dólares, para nosotros fue la oportunidad de comprar nuestra primera casa muy por debajo de su valor. Esto es un ejemplo de lo que una crisis afecta a unos y a otros favorece.

Una vez comprada nuestra casa, con cero deudas y con poca educación financiera, comenzaron las tarjetas de crédito a llegar por montones. Empezamos a tener cada día más y más cupo crediticio. Empezamos a hacer mal uso de las tarjetas de crédito sin darnos cuenta. Creía saber lo que hacía y siempre que usaba las tarjetas me decía, ya vendrá el dinero para pagarla. Haciendo pagos mínimos mensuales que pagaban solo los intereses y muy poco del principal, en lugar de bajar el monto, cada mes el cupo se fue llenando. Aplicaba un mes a una nueva tarjeta que me diera cero de interés por unos meses, luego pasaba el saldo de las que tenían intereses más altos a esa nueva sin interés y así jugamos varios años trasladando saldos de una tarjeta a otra. Hasta que llegó el momento en el que nuestro nivel de endeudamiento era de un 93% y ya ningún banco nos ofrecía nuevas tarjetas, los interés subían cada año y los pagos mensuales se convirtieron en una carga insostenible.

Decepcionados, desesperados y agotados económicamente por ver que nuestra deuda no tenía nada de disminución, decidimos dejar de pagar las tarjetas y de negociar con los bancos la deuda. Aquí en Estados Unidos, muchas personas optan en esta situación por declararse en banca rota o negociar la deuda con los bancos, en nuestro caso, con tan solo dos meses de no hacer los pagos, ya nuestro historial de crédito estaba por el piso y ninguno de los bancos estuvo en disposición de negociar la deuda. Todo nuestro historial crediticio de años y cupo de las tarjetas se terminaría en solo un par de meses.

PAGANDO MIS DEUDAS

Cuando empecé en el mundo del emprendimiento, aprendí que esa situación de mis tarjetas de crédito no estaba alineada a todo lo que estaba aprendiendo. Fue en ese momento de desesperación por nuestras deudas, cuando decidí buscar ayuda y educarme financieramente. Pagué cursos muy costosos de finanzas, de inversión en la bolsa de valores y saqué mi licencia estatal como agente de seguros. Realizamos cambios drásticos en nuestras finanzas, comenzamos a ahorrar un 10% de todos nuestros ingresos, hicimos un alto al uso de las tarjetas de crédito y nos dedicamos a pagarlas en su totalidad.

Con el sistema de Dave Ramsey aprendí que, si no tenía todo el dinero para pagar el total de deuda de mis tarjetas, debería pagar los mínimos en todas y concentrarme primero en la de balance más pequeño y hacer todos los abonos extras posibles a esta pequeña hasta saldarla en su totalidad. Luego, todo ese dinero que le abonaba a esa primera tarjeta ya cancelada, se lo abonaría extra al pago mínimo a la segunda tarjeta con más balance y así sucesivamente como un efecto de bola de nieve hasta pagar en la totalidad toda la deuda.

Durante este tiempo haciendo esos pagos así y abonando todo lo extra que nos era posible, después de dos años, nuestra deuda había disminuido más de un 80%. Hoy en día vivimos con deudas buenas y controladas por nosotros y aprendimos de muchos errores financieros que nos costaron miles de dólares. Ahora quiero compartir contigo un par de conceptos que te darán las bases para que tú también mejores radicalmente tus finanzas.

TIPOS DE DEUDA

Una deuda es cuando prestas algo ahora y lo devuelves después. Lo que yo creía correcto o escuchaba decir era NO tener tarjetas de crédito porque son contratos abusivos con altos intereses y te sacan tu dinero. Hoy en día te puedo hablar con toda seguridad y explicarte que tener tarjetas de crédito con educación financiera no es una mala decisión, por el contrario, esta educación única puede significar la diferencia entre pagar tu hipoteca de 30 años en tan solo 10 o viajar, comer o divertirte gratis, gracias al correcto uso de tus tarjetas de crédito.

Muchas personas hemos caído en el error, muchas veces, de comprar cosas que no han sido una necesidad, cambiar el carro ya pagado por uno más nuevo con una deuda nueva o casas que aún no podíamos pagar, pero ha sido lo que la sociedad o lo que la mayoría hace por que se cree que así debe ser. Lo que la gente llama *"normal"*, no quiero ser normal, **quiero ser diferente y tener cosas diferentes a lo que la mayoría tiene.**

Existen dos tipos de deudas: las deudas buenas y las malas, la diferencia entre las dos es la consecuencia que provocan sobre tus finanzas ya sea positiva o negativa.

Deuda buena: es cuando esta aumenta tu patrimonio neto o pone dinero en tu bolsillo, también les podemos llamar activos. Ejemplos de este tipo de deuda son la compra de propiedades o carros para rentar y sacar un beneficio económico mensual.

Deuda mala: es cuando obtienes algo a cambio que pierde valor rápidamente y no te genera ningún retorno, también le podemos llamar pasivos que no generan ingresos. Ejemplos de este tipo de deuda son las tarjetas de crédito y la compra de un carro para uso personal.

El objetivo es eliminar primero la deuda mala y utilizar la deuda buena para aumentar tus activos, ingresos y flujo de efectivo. Para lograr eso, debes identificar todas tus deudas que no están poniendo dinero en tu bolsillo y pasarlas a ser una deuda buena. Por ejemplo, si tienes más de un carro en tu casa de uso personal, puedes rentar uno de ellos para ganar dinero por su renta, con ese dinero puedes cubrir los pagos de ese carro y quedarte ganancia extra.

A continuación, crea una lista de tus deudas buenas y otra de las malas y analiza cómo puedes llegar a tener más deuda buena que mala.

Deudas buenas	Deudas malas

Usando correctamente mis tarjetas de crédito

Entonces, recuerda que tener tarjetas de crédito no es malo, lo malo es no saber usarlas y pagar tres o cuatro veces el dinero prestado debido a la acumulación de intereses a lo largo del tiempo.

Hoy en día, casi todas las tarjetas tienen programas de puntos, premios o beneficios por usarlas. Úsalas mensualmente en tus gastos diarios normales como gasolina y comida, sácale provecho y acumula estos puntos, pero al final de mes paga en su totalidad todo lo gastado, sin permitir que te carguen algún tipo de interés. Un ejemplo de esto son las tarjetas de crédito de aerolíneas o clubes de viajes que te dan puntos o millas por cada dólar que gastes, si igual vas a tener que pagar tu gasolina, porque es un gasto obligatorio que debes hacer para movilizarte, usa la tarjeta que te genera estas millas, verás como en un tiempo rápido tendrás acumuladas suficientes millas para comprar tiquetes de avión gratis. De igual manera, puedes hacer eso con tarjetas de restaurantes, tiendas, supermercados, etc. Si no tienes tarjetas con estos beneficios, aplica a unas que sí los tengan, solo ten mucho cuidado con los cargos anuales por uso de la tarjeta, algunas de estas tienen ese cargo anual por tenerlas. Para tener una tarjeta con anualidad, debes considerar que lo que estás ganando en beneficios sobrepase al menos el doble de ese costo anual.

PLANIFICACIÓN DE LOS GASTOS

La planificación de los gastos es el cálculo de los gastos e ingresos en un determinado tiempo. John Maxwell dice: **"Un presupuesto es simplemente decirle a su dinero dónde ir, en lugar de preguntarse a dónde fue"**. Lamentablemente, la mayoría de los hogares no cuenta con una planificación de gastos bien hecha, pagan sobregiros en sus cuentas, multas por pagos tarde, deudas impagables en sus tarjetas de crédito, no tienen ahorros, etc., todo esto lo evitaría una buena planificación de gastos.

También se cree que la solución a los problemas financieros es tener más trabajos y ganar más dinero, lo que no saben es que, cuando ganen más dinero, sus gastos y deudas también aumentarán y continuarán en la misma situación de ahogo financiero a otro nivel. No me mal entiendas, claro que sí es importante producir más dinero y es nuestra meta, pero **si aprendemos a planificar nuestras finanzas, a invertir y a controlar nuestras deudas, entonces tendremos libertad financiera y nuestro nivel de riqueza aumentará cada día más.**

Los siguientes pasos me ayudaron a crear mi planificación de gastos, espero te ayuden a ti también. Esta planificación la puedes hacer semanal, quincenal o mensual, eso dependerá totalmente de tu estilo de vida, tus ingresos o la facilidad de organización que tengas:

1. *Tus ingresos:* si eres empleada será muy sencillo anotar cuánto ganas. Si eres empleada por cuenta propia y no tienes pagos fijos al mes, podrás ir a tus estados bancarios de los seis meses anteriores, sumarlos y dividirlos por seis para sacar un promedio mensual.

INGRESOS	
Salarios	$-
Negocios	$-
Otros	$-
TOTAL	**$0.00**

Mis ingresos son: $_____ cada _____

2. *Tu deuda total:* esto me ayudó increíblemente desde que tuve el verdadero propósito de pagar toda la deuda de mis tarjetas, todos los meses lo calculaba y me motivaba al ver que cada mes mi deuda se reducía. Mi recomendación es que completes en totalidad el cuadro 1 de la siguiente página , ya que toda la información que está en él tiene un sentido y un por qué. Si gustas este cuadro o todos los demás en formato de Excel, con todas las fórmulas que le puse y un gráfico que se va alimentando con los datos que mes tras mes agregas, contáctame y te lo envío completamente gratis por correo electrónico.

3. *Tus gastos:* en esta parte la mayoría cometemos errores, omitimos pequeños gastos u olvidamos tenerlos en cuenta a la hora de planificar nuestro presupuesto. En el recuadro 2 de la siguiente pagina, vas a agregar los gastos fijos y los variables, no dejes de anotar ni un solo dólar, cuanto más concreta pongas tu información, más precisa saldrá tu planificación.

La estimación de ingresos y gastos futuros debe ser muy conservadora. Esto significa que cualquier cantidad que estés proyectando debe sobreestimar los gastos y subestimar los ingresos ligeramente, piensa en ello como un escenario realista, pero peor. Es mucho más fácil encontrar maneras de gastar dinero extra que reemplazar los ingresos que no se obtienen.

Recuadro 1

Nombre / # Cuenta	Balance $	Pago mensual $	Interés mensual $	Pago directo principal $	Interés mensual %	Fecha de pago	Saldo disponible $	Fecha de cierre
Totales								

Recuadro 2

Diezmo	$-	Necesidad o Gusto
Ahorro 10%	$-	Necesidad o Gusto
Retiro	$-	Necesidad o Gusto
Hipoteca/renta	$-	Necesidad o Gusto
Comida	$-	Necesidad o Gusto
Pago de carros	$-	Necesidad o Gusto
Electricidad	$-	Necesidad o Gusto
Agua	$-	Necesidad o Gusto
Basura	$-	Necesidad o Gusto
Internet/Cable	$-	Necesidad o Gusto
Teléfonos	$-	Necesidad o Gusto
Educación	$-	Necesidad o Gusto
Mantenimiento/Asociación	$-	Necesidad o Gusto
Seguro de salud	$-	Necesidad o Gusto
Seguro de casa	$-	Necesidad o Gusto
Seguro de carros	$-	Necesidad o Gusto
Seguro de vida	$-	Necesidad o Gusto
Gastos médicos	$-	Necesidad o Gusto
Gasolina	$-	Necesidad o Gusto
Mantenimiento de carros	$-	Necesidad o Gusto
Registración/Renovación de placa	$-	Necesidad o Gusto
Pago de tarjetas de crédito	$-	Necesidad o Gusto
Gimnasio	$-	Necesidad o Gusto
Membresías	$-	Necesidad o Gusto
Cuidado de niños	$-	Necesidad o Gusto
Salidas a comer	$-	Necesidad o Gusto
Recreación	$-	Necesidad o Gusto
Ropa	$-	Necesidad o Gusto
Lavandería	$-	Necesidad o Gusto
Conciertos	$-	Necesidad o Gusto
Salón de belleza	$-	Necesidad o Gusto
Gastos de mascotas	$-	Necesidad o Gusto
Vacaciones	$-	Necesidad o Gusto
Otros	$-	Necesidad o Gusto
TOTAL	$	

4. ***Prioriza tus gastos:*** siempre me han gustado mucho las finanzas y por muchos años creí tener el control financiero de mi hogar, sin embargo, vivíamos la *Crisis del Titanic*, muy bonito por fuera, pero ahogados de deuda mala y sobreviviendo mes tras mes. Sin entradas fijas mensuales, en los meses bajos nos desesperábamos y creíamos morir, pero Dios se manifestaba y lográbamos salir a flote; igual en los meses súper buenos, nos sentíamos muy parecido, nunca sobraba dinero, si lográbamos ahorrar algo, no pasaba más de un mes el dinero ahorrado y surgía una necesidad y se gastaba. Cuando decidí estudiar y aprender de los que han tenido resultados, mis finanzas cambiaron radicalmente, cuando empezamos, con el mismo ingreso promedio de siempre, estábamos ahorrando el 10% de todos los ingresos, por primera vez creamos y comenzamos a ahorrar en una cuenta de retiro y la deuda de las tarjetas las redujimos a un 10%, era como un sueño hecho realidad, **nuestro ingreso no había cambiado, pero nuestra mentalidad y conducta con relación al dinero sí.** Para lograr eso hicimos muchos cambios en nuestra familia, pero creo que lo que más nos ayudó fue la priorización de los gastos.

Gastábamos dinero en cosas que realmente no eran necesarias, perdíamos cuando pagábamos penalidades y multas por sobregiros y pagos tardíos, fue casi un 30%

de nuestros gastos que pudimos reducir y así optimizar los ingresos para poder usarlos en algo que, en lugar de quitarnos, pusiera dinero en nuestro bolsillo.

Recuerda que otra manera de generar ingresos es cortando gastos innecesarios y logrando NO aumentar tus gastos cuando tus ingresos aumenten.

Ahora es tu turno, frente a cada uno de los gastos que pusiste en el cuadro anterior, vas a poner si es una necesidad o un gusto. Necesidad lo definimos como algo imprescindible para tu sobrevivencia o que pone dinero en tu bolsillo. Gusto es lo que puedes dejar de pagar y no pasa nada.

El siguiente ejercicio consiste en crear de nuevo tu cuadro de gastos, suprimiendo todo o lo que más puedas de los gastos que clasificaste como *Gusto*, trata de que tu nuevo total de gastos sea lo mínimo posible, recuerda que todo lo que logres bajar ese monto será dinero que te traerá más dinero y ayudará a cumplir tus metas financieras que veremos en el siguiente punto.

Recuadro 3

Diezmo	$-	
Ahorro 10%	$-	
Retiro	$-	
Hipoteca/renta	$-	
Comida	$-	
Pago de carros	$-	
Electricidad	$-	
Agua	$-	
Basura	$-	
Internet/Cable	$-	
Teléfonos	$-	
Educación	$-	
Mantenimiento/Asociación	$-	
Seguro de salud	$-	
Seguro de casa	$-	
Seguro de carros	$-	
Seguro de vida	$-	
Gastos médicos	$-	
Gasolina	$-	
Mantenimiento de carros	$-	
Registración/Renovación de placa	$-	
Pago tarjetas de crédito	$-	
Gimnasio	$-	
Membresías	$-	
Cuidado de niños	$-	
Salidas a comer	$-	
Recreación	$-	
Ropa	$-	
Lavandería	$-	
Conciertos	$-	
Salón de belleza	$-	
Gastos de mascotas	$-	
Vacaciones	$-	
Otros	$-	
TOTAL	$	

No te sientas abrumada ni permitas que te afecte el hecho de suprimir cosas de tu vida, como ir una o dos veces menos al salón de belleza ($100) o tomarte ese café frío en esa cafetería donde van tus amigos ($50) o cortar el servicio de cable ($100-$150) que te hace pegar al televisor por horas en lugar de leer un libro o pasar tiempo de calidad con tus hijos y así puedo nombrarte muchos otros gastos por donde nuestro dinero se va sin darnos cuenta. Estos cambios no te quitarán de ser la mujer valiosa que eres, se llama sabiduría y trae consigo solo beneficios, **involucra a toda tu casa en el proceso y hagan ese compromiso de trabajar en equipo en pro de un año financiero exitoso.**

La Biblia nos dice en Mateo 5:3: *"Bienaventurados los pobres de espíritu, porque de ellos es el reino de los cielos".* Cuando Jesús nos dijo esto, se refería a la vida espiritual, no a la pobreza material. Desgraciadamente, el hombre se siente merecedor de todo, pero en realidad no somos dignos de nada. En el libro *"Bienaventurados los Discípulos"* del Pastor Frank López, nos dice que Jesús quiso enseñarnos que los pobres de espíritu son aquellos que reconocen su naturaleza humana y la incapacidad de hacer las cosas apartados de la grandeza de Dios, son conscientes de que sin Él nada pueden hacer.

Los ricos compran activos (cosas que ponen dinero en tu bolsillo), los pobres y clase media compran pasivos (cosas que sacan dinero de tu bolsillo) como, por ejemplo, el último celular, la ropa de marca, el carro del año, con el fin de satisfacer su necesidad de recompensa por todas las horas que trabajaron o simplemente por aparentar un estilo de vida frente a sus amigos. No es malo tener ninguna de esas cosas que mencioné, lo malo es si tienes que pagar mensualmente por ellas, a un interés alto (pagando el doble o triple de su valor) y no te representan ninguna entrada de dinero. Si vas a comprarte ese tipo de cosas, que sea porque tienes el dinero efectivo para negociarlas a un mejor precio, no pagas interés por ellas o porque has creado una entrada de dinero que paga exclusivamente ese gasto, es decir, no está afectando tus ingresos.

Muchas personas gastan su dinero comprando lotería esperando un toque de suerte, por más que sean solo $20, $50 e incluso $100 al mes, si desde los 20 años esos $50 los invirtieran en la bolsa de valores con un porcentaje de 12% mensual, tendrían casi $2,000,000 al cumplir sus 70 años, sin necesidad del factor suerte, así son los números reales, lo único que necesitan es educación.

5. **Establece metas:** esta parte me encanta porque ya sabes hacia dónde se va tu dinero y ahora vas a hacer que tu dinero trabaje para ti y ponga más dinero en tu bolsillo. Lo primero es establecer las fechas de pagos de tus facturas cada mes, eso evitará que vuelvas a pagar multas por sobregiros y te lo dice alguien que pagó muchas. Ahora vas a escribir cómo vas a utilizar el dinero que lograste reducir de tus gastos y con lo extra que vas a empezar a crear, por más que sean solo $100,

$500, $3000 o más al mes, es dinero que ya no estás botando a la basura, si no que estás aprovechando.

¿Cuánto dinero establezco para cumplir mis metas? $_____

Ya que conoces cuánto dinero necesitas al mes para sobrevivir, una de las primeras cosas que debes hacer es ahorrar de 1 a 3 veces mínimo esa cantidad. Este debe ser el único ahorro en efectivo que tengas en tu casa. **Será tu ahorro para emergencias.** No se usa para vacaciones, comprar ese celular nuevo o ese par de zapatos. Solo debe ser usado en caso de enfermedad o incapacidad para trabajar, es decir, que por alguna razón no puedas generar dinero para pagar tus gastos obligatorios del mes, tendrás este ahorro que te cubrirá esos gastos por 1 a 6 meses. Si ya tienes dinero efectivo ahorrado, te felicito, guarda solo esa cantidad para crear tu fondo de emergencias, lo demás, sino quieres que pierda más valor de lo que ya por sí los billetes como tal pierden, debes invertirlo para protegerlo contra la inflación, multiplicarlo y comprar activos que te generen ingresos pasivos. Paralelo a tu ahorro de emergencias, debes considerar otros aspectos que te apoyarán para lograr ese éxito financiero deseado.

La generosidad es algo que Jesús nos enseñó en cada cosa que hizo en su tiempo en la tierra, ha sido la persona más generosa que ha existido. Nosotros debemos aprender de Él y ser generosos con nuestro dinero, posesiones y tiempo. Un tema controversial, tergiversado y muchas veces manipulado es *el diezmo*, pero la Biblia habla claro tanto en el Antiguo Testamento como en el Nuevo sobre este. Jesús no vino a abolir la Ley del diezmo del Antiguo Testamento, por el contrario, nos exhorta a ser generosos a la vez que cumplimos con su justicia, la misericordia y la fe. Afirma qué tanto se debe dar de diezmo y cómo se deben practicar estas tres cosas. *"¡Ay de vosotros, escribas y fariseos, hipócritas! porque diezmáis la menta y el eneldo y el comino, y dejáis lo más importante de la ley: la justicia, la misericordia y la fe. Esto era necesario hacer, sin dejar de hacer aquello."* Mateo 23:23. Seamos generosas como Jesús lo fue, independientemente de lo que decidas creer acerca de los diezmos, mi esperanza es que modelemos la generosidad de Jesús en nuestras vida y no nos obsesionemos pensando si este dinero será mal gastado por hombres que manejan las iglesias. Así que planifica tu diezmo, si no lo has hecho, a partir de hoy, como hijas de Dios, nuestra meta es ser como Jesús.

¿Cuánto será mi Diezmo a mi iglesia? $_____

En el libro *"El Hombre Más Rico de Babilonia"* de George Clason, aprendí y entendí la importancia de *ahorrar el 10%* de todo lo que hago, al principio pensé que eso sería misión imposible en mi caso, si ni siquiera lo que hacíamos de ingresos nos alcanzaban para pagar nuestros gastos, sin embargo, tomé la decisión y lo empecé a hacer y así mismo como el libro lo dijo, nunca nos hizo falta, seguíamos igual gastando y pagando sin extrañar aquella cantidad. Ya teníamos cada mes ahorrada cierta cantidad en una cuenta a la cual no teníamos acceso desde nuestro celular, así que como meta decidimos invertir esa cantidad todos los meses en la bolsa de valores a un interés 50 veces más alto que lo que los bancos nos ofrecían.

¿Cuánto será mi ahorro para mis inversiones? $_____

Si eres emprendedora como yo y trabajas por tu cuenta, la planificación de recursos para **tu retiro** es parte importante, al igual que pagar tus facturas hoy. Ya sea que vayas a tener la pensión del seguro social, si es que llegamos a tener parte de esto para el momento de nuestro retiro, no será suficiente para vivir sin tener que pensar en trabajar a tus 70 años para generar la otra parte que te hace falta. La no planificación de nuestro retiro se ve reflejada en muchas personas mayores que vemos trabajando a su mayoría de edad porque sus mensualidades no les alcanzan. Si, por ejemplo, te gusta salir a comer rico cada semana a tu restaurante preferido y gastas entre $50 y $100, podrías dejar de ir una vez al mes e invertir esos $50 a una cuenta de retiro que te generará altos intereses y beneficios para tu edad adulta. A lo mejor veas complicado hacerlo, pero es más simple de lo que crees, una vez que creas la costumbre, te sentirás orgullosa de ti misma y tranquila de tener tu futuro asegurado.

¿Cuánto será mi ahorro para mi retiro? $_____

Establece tus metas en cuanto a los pagos a tus deudas, después de completar el cuadro de tus deudas, decidirás cuánto dinero extra le pondrás a la deuda más pequeña y en cuánto tiempo la pagarás; luego de finalizada, esa cantidad más la extra que puedas, se la abonarás a la segunda y así sucesivamente hasta salir de todas. **Enfócate en verte libre de deudas, no en lo mucho que debes. ¡En lo que te enfocas, crece!**

¿Cuánto será mi abono extra para pagar mis deudas? $_____

El camino al éxito no es un camino sencillo, pero el precio que se encuentra al final del trayecto hace que este valga la pena.
—Robert Kiyosaki

6. *Seguimiento a tu proceso*: es una de las mejores maneras de alcanzar tus objetivos personales, **¡si no hay seguimiento, no hay progreso!** Es muy importante que revises tu presupuesto con regularidad para

asegurarte de que vas progresando. También considera la posibilidad de presupuestar más de un año en el futuro, eso te dirá una proyección de cómo estarás en los próximos años.

¿Cada cuánto revisaré mi planificador de gastos? _____

_____

Ahora que ya conoces con detalle tus finanzas y que con lo mismo que ganas serás más productiva y tu dinero estará haciendo mucho por ti y tu futuro, vamos a entender otros conceptos necesarios y enfocarte en cómo aumentar tus ingresos.

EL CUADRANTE DEL FLUJO DEL DINERO

Para poder entender mejor de dónde provienen nuestros ingresos y por qué algunas personas tienen mejor flujo de dinero, trabajan menos horas y ganan más, producen dinero residual mientras duermen y en general son más exitosas que otras, el famoso escritor y empresario Robert Kiyosaki creó **El Cuadrante del Flujo del Dinero** y lo explica muy claro en su libro con este mismo nombre.

1. **E = Empleado:** los ingresos provienen del 100% de su actividad, cambian tiempo por dinero, lo que significa que solo pueden aumentar un factor y ese es su salario. *Si no trabaja, no recibe ingresos.* Alguien en esta sección paga más impuestos que otros y su nivel de riqueza está muy limitado a la cantidad máxima que su empleador quiera pagarle por hora.

2. **A = Autoempleado:** trabajadores por cuenta propia o dueños de negocio. *Si te ausentas, el negocio cae.* Muchas personas en este cuadrante dejaron su trabajo de 8 horas para trabajar para ellos mismos 10 o 12 horas al día y carecen de un sistema de cómo podrían sacar provecho de su negocio. Por supuesto que esto no aplica a todos, pero para la mayoría, su pequeña empresa no funciona y se encuentran como empleados

de ellos mismos, en el fondo saben que nunca podrían lograr sus sueños de esta manera.

3. **D = Dueño de negocio:** este se diferencia del autoempleado en que sus ingresos no dependen 100% de él, su trabajo está apalancado en el de otros, por lo que puede estar haciendo mucho dinero a la vez en lugares diferentes, a la misma hora y multiplicado por cuantas personas tenga como socios. *Es el creador de un sistema*, invierte dinero y tiempo en él a fin de que algún día pueda desprenderse por completo de su negocio y que no ocurra absolutamente nada. Ejemplo de este tipo de ingreso lo vemos en las redes de mercadeo, agencias de seguros o bienes raíces.

4. **I = Inversionista:** aquí ya no se depende de su propio esfuerzo ni de otros socios, el dinero trabaja para él y cada día se incrementan más. *Ganan dinero con el dinero.*

Identifica en cuál cuadrante te encuentras hoy y en cuál deseas estar. El libro nos enseña que **el secreto no es trabajar duro, sino inteligente**. ¿Recuerdas que te hablé de que ya no estamos en la era industrial, sino en la tecnológica? Pues las personas que se encuentran en el cuadrante izquierdo (empleados y autoempleados) están ahí por el factor seguridad, lo cual en la era industrial estaba bien, pero hoy en día por más que seas la mejor empleada del mundo, nada te garantiza que mañana no te remplazarán y serás una desempleada más.

En el cuadrante derecho se encuentra la seguridad de verdad y la libertad financiera. La mayoría de las personas no están ahí por el factor riesgo y el miedo a perder todo su dinero, también la falta de educación y creencias limitantes.

Pasar del lado izquierdo del cuadrante al lado derecho no se trata solo de hacer, sino de ser. Debes cambiar algunos paradigmas acerca del dinero, pensamientos que no te han permitido estar donde realmente quieres y actuar un paso a la vez, pero sin detenerse nunca.

Entonces, ¿qué se requiere para obtener libertad financiera?, Kiyosaki dice:

Se requiere un sueño, mucha determinación, disposición para aprender rápidamente y la habilidad para utilizar los activos que Dios le dio de manera adecuada y para saber en qué sector del Cuadrante del flujo de dinero debe usted generar.

Capítulo 7

EL SECRETO DE LA RIQUEZA

EL REY SALOMÓN

Me encanta la historia de Salomón, hijo de David, el cual fue rey muy joven. Él amaba a Dios, quería ser un buen líder para su pueblo y fue extremadamente humilde en reconocer ante el mismo y ante Dios que era inexperto, que no podía basar su mandato en sus propias capacidades o habilidades y llegar a realizar algo tan grande y transcendental como el propósito de Dios en su vida. Fue así como, **en lugar de pedir riqueza, pidió sabiduría y conocimiento**.

"Y dijo Dios a Salomón: Por cuanto hubo esto en tu corazón, y no pediste riquezas, bienes o gloria, ni la vida de los que te quieren mal, ni pediste muchos días, sino que has

pedido para ti sabiduría y ciencia para gobernar a mi pueblo, sobre el cual te he puesto por rey, sabiduría y ciencia te son dadas; y también te daré riquezas, bienes y gloria, como nunca tuvieron los reyes que han sido antes de ti, ni tendrán los que vengan después de ti." 2 Crónicas 1:11-12

Al final, el rey Salomón no solo fue el rey más sabio que ha existido, sino que fue muy rico y exitoso. El problema no está en desear riquezas, sino en la manera de cómo la buscamos. Si primero no buscamos el reino de Dios y su sabiduría, la riqueza no tendrá el mismo valor y será efímera.

"Bienaventurado el hombre que halla la sabiduría, Y que obtiene la inteligencia; Porque su ganancia es mejor que la ganancia de la plata, Y sus frutos más que el oro fino." Proverbios 3:13-14

LOS FUNDAMENTOS DE LA SABIDURÍA
Según el Rey Salomón (Proverbios 3:13-18):

- ❖ El que halla sabiduría, adquiere inteligencia.
- ❖ La sabiduría es más provechosa que la plata.
- ❖ Rinde más ganancias que el oro.
- ❖ Es más valiosa que las piedras preciosas.
- ❖ Ofrece larga vida, honor y riquezas.
- ❖ Sus caminos son placenteros y en sus senderos hay paz.
- ❖ Es árbol de vida para quienes la abrazan.

CÓMO PIENSAN LOS RICOS Y CÓMO PIENSAN LOS POBRES

Aquí no vamos a hablar exclusivamente de dinero, sino de riqueza o pobreza de pensamiento. En el libro *Los Secretos de la Mente Millonaria* de T. Harv Eker, podemos aprender las maneras de cómo las personas ven el dinero. Te recomiendo lo leas y estudies, ya que es un libro que nos enseña mucho de paradigmas que tenemos que eliminar si queremos tener la correcta relación con el dinero. Empecemos por comprender que los ricos ven el dinero como una herramienta para ayudar a otros y conseguir una mejor calidad de vida; los pobres como un medio de adquirir más bienes materiales y poder lucirlos a los demás. El señor Eker nos enseña que **tus pensamientos te llevan a tus sentimientos, estos a acciones y las acciones a los resultados.** Los ricos son ricos porque piensan como ricos y los pobres son pobres porque piensan como pobres. Veamos algunas características de sus pensamientos:

Tus ingresos pueden crecer únicamente hasta donde crezcas tú. —T. Harv Eker

Los Ricos	Los Pobres
Reinvierten su dinero (compran activos)	Gastan su dinero (compran pasivos)
Tiene ingreso residual	Ingreso lineal (cambian tiempo por dinero)
Ven oportunidades	Ven obstáculos
Tienen el control de su destino y trabajan para eso	Creen en la suerte y si las circunstancias que los rodean les favorecen o no (gobierno-economía)
El dinero trabaja para ellos	Trabajan para el dinero
Piensan en grande	Son conformistas
Admiran y ayudan a otros	Les molesta la gente rica y el triunfo de otros
Se relacionan con personas positivas	Se relacionan con personas negativas
Accionan en pro de lograr sus metas	Sueñan con algún día lograr sus metas
Administran bien su dinero	Administran mal su dinero
Actúan a pesar del miedo	Dejan que el miedo los detenga
Se auto educan, aprenden y crecen constantemente	Piensan que ya lo saben
Se centran en su fortuna neta	Se centran en lo que ganan con su trabajo
Se promocionan ellos mismos (saben vender)	No les gusta vender (es algo negativo)
Invierten para ganar	Invierten para no perder
Son excelentes receptores	Son malos receptores
Son más grandes que sus problemas	Son más pequeños que sus problemas
Aceptan sugerencias para ser mejores	Creen que lo que hacen es lo correcto

LA LEY DE LA CAUSA Y EFECTO

No serán las circunstancias lo que decida tu futuro, serán tus acciones y solo cambiando tus hábitos lo lograrás. Como seres humanos que somos, nuestros actos tienen un efecto. La palabra de Dios nos dice que todo lo que siembras tendrá cosecha.

La ley de la siembra y la cosecha es una ley establecida primeramente por Dios desde el momento de la creación. *"Produjo, pues, la tierra hierba verde, hierba que da semilla según su naturaleza, y árbol que da fruto, cuya semilla está en él, según su género. Y vio Dios que era bueno"* Génesis 1:12. Dios estableció la manera que se ha de producir y multiplicar las cosas. Todas recibimos dones (semillas), con los cuales debemos producir resultados (frutos). Puede parecer muy elemental, pero una semilla de aguacate no producirá tomates. Es igual que si siembras odio y falta de perdón, no cosecharás cosas buenas. Este es un principio muy importante y poderoso.

Todo lo que pensamos, decimos o hacemos es una semilla y tiene el poder de multiplicarse. *"Porque sembraron viento y torbellino segarán"* Oseas 8:7. Analiza lo que estás sembrando. Muchas esperan tener éxito y libertad financiera, pero pocas están dispuestas a pagar el precio de los sacrificios que esto conlleva. No podrás recibir, si antes no has sembrado. *"No os engañéis; Dios no puede ser burlado: pues todo lo que el hombre sembrare, eso también segará"* Gálatas 6:7.

Los científicos lo confirman con la llamada *Ley de la causa y efecto*, la cual dice que toda causa tiene su efecto, todo efecto tiene su causa, todo sucede de acuerdo con la ley y llegará tarde o temprano. **Hasta donde las pruebas científicas y experiencias históricas pueden atestiguar, las leyes no conocen excepciones.** El dinero, la riqueza, la salud, la enfermedad, tu peso, tus resultados, TODO es un resultado de... No podemos esperar conseguir éxito, mientras actuemos de la misma manera de siempre. No repitas acciones que te tienen donde estás actualmente. Si quieres cambiar los frutos, tendrás que modificar primero las raíces. Y si quieres cambiar lo exterior, antes deberás transformar lo interior.

"En cuanto a la pasada manera de vivir, despojaos del viejo hombre, que está viciado conforme a los deseos engañosos, y renovaos en el espíritu de vuestra mente, y vestíos del nuevo hombre, creado según Dios en la justicia y santidad de la verdad" Efesios 4:22-24.

LOS SECRETOS PARA LA RIQUEZA

Éstos son algunos de los secretos que el rey Salomón y otros millonarios nos han dejado:

1. ***Ten fe, cree en Dios, en ti y pide sabiduría:*** la Biblia dice en Hebreos 11:1: *"Es, pues, la fe la certeza de lo que se espera, la convicción de lo que no se ve."*. Es decir, que la

fe es una actitud de confianza de que las cosas funcionarán como deberían, según el plan de Dios. Cuando Dios nos dice estas palabras, es para decirnos que nos rindamos y confiemos en Él y en su voluntad, no en la nuestra. La parte difícil es esa, rendirnos a Él, porque es algo que no siempre permitimos. Al mismo tiempo que estemos activas con nuestro propósito, también debemos rendirnos y creer que Dios lo hará, porque Él nos quiere prósperas y bendecidas. Trabaja duro, pero nunca pierdas tu fe en Dios ni en ti misma. Clama a Él por su sabiduría y las riquezas vendrán por añadidura.

2. ***Aleja la pereza y el amor al sueño:*** la mayoría de las personas gastan tres, cinco o más horas al día viendo televisión o pegadas chismeando en las redes sociales y cuando se les dice que inviertan su tiempo en algún curso de superación personal, que lean un libro o que hagan algo extra al día en pro de cumplir sus sueños, responden que no tienen tiempo suficiente, que están cansados o no tienen dinero.

   Claro que yo les creo que están cansados y que no tienen dinero para invertir en su educación. Cómo no estarlo, si gastan la mayoría de sus horas trabajando para otros, frustrados con sus sueños o manejando dos o hasta más horas al día. Puede que estés pensando que esa es la realidad de muchos y que debo respetar eso. Por supuesto que lo respeto y creo también que cada una de nosotras tenemos lo que sembramos. Respetar es muy diferente a aprobar. Estoy segura de que no todos tenemos las mismas condiciones de vida cuando nacemos, pero te aseguro que todos tenemos las mismas condiciones de superarnos, aun empezando desde cero y sin dinero. Todos tenemos las mismas 24 horas del día para usarlas de la mejor manera. Las circunstancias se buscan con actitud, eliminando la pereza y durmiendo las horas suficientes que el cuerpo necesita al día para reponerse (de 6 a 8 horas). Si duermes más de esas horas al día, puedes recortarlas a las mínimas y usarlas para invertirlas en tu futuro.

La palabra pereza en el Antiguo Testamento en hebreo significa "*atsel*" que quiere decir indolente, ocioso, perezoso. En el Nuevo Testamento es "*oknerós*" que significa impuntual, indolente. En las dos palabras nos dice que el perezoso cae en la indolencia o en la poca disposición para hacer algo que requiere esfuerzo.

Aprende a identificar tus debilidades, qué cosas te producen pereza y a cuáles les das largas para hacer (procrastinación). La pereza también puede ser síntoma de otros factores como el agotamiento mental (sobrecargadas y abrumadas), estrés, miedos, poca habilidad para gestionar el tiempo e incluso en ocasiones podría esconderse una depresión. Son sin duda factores que tenemos que considerar y aprender a superar. Sea la razón que sea, la pereza nos aleja de nuestros objetivos. El sentimiento de culpa por no ser capaces de vencer la pereza o de procrastinar afecta a nuestra autoestima. Hace que nuestro desempeño en cualquier área de nuestra vida sea pobre y mediocre. La manera como combato la pereza es justamente haciendo lo contrario a lo que ella quiere que yo no haga. Aplico la regla de los 5 segundos, cuento hasta 5 y luego comienzo a hacer lo que tengo que hacer solo por un minuto. Sí solo por un minuto. Le digo a mi cuerpo que la meta será solo hacerlo por un minuto. Después de ese minuto ya la pereza está vencida y el 99% de las veces el minuto se alarga a una hora o al tiempo previsto que necesitaba para lograrlo. Pienso en los beneficios que lograr esto me traerá, me alejo de otras personas perezosas y empiezo por hacer una cosa a la vez, aunque sea pequeña.

3. ***Un deseo y un porqué bien definido:*** el problema es que la mayoría de las personas no conocen su verdadero y profundo por qué. No han examinado con detalle lo que sus corazones les gritan desesperados, tienen un por qué muy superficial y poco fuerte para soportar los momentos de desánimo. Entonces, viene el abandono de proyectos y luego la culpabilidad del por qué no logro lo que me propongo. Por experiencia propia te lo digo. Ya hablamos de cómo encontrar el verdadero por qué hago lo que hago. Aplica la técnica de **Los Siete Niveles** de preguntas para desglosar tu porqué y llegar al trasfondo real de

lo que mueve a tu corazón a realizar tu meta *(Capítulo 3 —Define tu por qué-)*.

4. **Cambia las creencias subconscientes que te alejan de tu propósito:** lo que está almacenado en nuestro subconsciente fue adquirido desde muy temprana edad. Son comportamientos que hacen parte de tu personalidad, en su mayoría prohibiciones, paradigmas, dogmas inamovibles que, desafortunadamente, evitarán tu crecimiento y tu completa libertad de pensamiento. Repasa lo visto en el capítulo 3 —*La herencia generacional*— si crees necesitarlo.

5. **Sé diligente —*La acción cura el miedo*—:** una persona diligente es aquella que se enfoca y hace las cosas con cuidado, esmero e interés. En todo lo que hagas o emprendas, tienes que ser diligente. Utiliza todos los recursos o tecnología que necesites para lograrlo. Ser diligente está totalmente vinculado con la acción. Cuando accionas después de planificar, estás siendo diligente y logrando vencer los miedos que te impedían cumplir esa meta. La mayoría son negligentes porque el miedo los hace huir de sus sueños, pero Dios nos dice en su palabra que no tengamos miedo porque él está con nosotras (Josué 1:9). También nos dice que él irá delante de nosotras y que nunca nos desamparará (Deuteronomio 31:8).

En el libro *La Magia de Pensar en Grande* de David J. Schwartz dice que: *"la acción cura el miedo. En cambio, la indecisión y postergar algo solamente fertiliza el miedo"*. Aquí nos habla de que cada miedo (el miedo no es real, solo existe en nuestra mente) debe ser remplazado por otra creencia positiva que te aleje de este. Cuando yo leí esto, aprendí a darle una justificación a cada miedo que me impedía lograr o empezar algo. Ahora entiendo que tengo las capacidades de vencer el miedo y que no hay nada más malo allá de ese temor que ese mismo haga nido en mi cabeza. Aun sintiendo que no seré capaz de pasarlo, una vez que hago la acción que lo vence, llego a ver que era más lo malo que pensaba que lo que en realidad era. Y esto nos pasa a todos con diferentes aspectos de nuestra vida, pero a partir de ahora, cuando sientas miedo de algo, lo vas a enfrentar y vas a accionar en contra de este.

En la siguiente línea, en tu celular y en todo lugar que desees, escribe la siguiente frase : "LA ACCIÓN CURA EL MIEDO".

_____

_____

6. *Un plan de acción organizado*: será clave crear tu plan de acción y ejecutarlo. Sin este las posibilidades de éxito serán menores. Con él tendrás el qué, cómo, cuándo y con quién se realizarán las acciones. En el

capítulo 5 —*Plan de negocio*— tienes los detalles para crear este plan de acción.

7. **Edúcate**: sin educación no hay riqueza. Y no hablo de la educación tradicional como típicamente la conocemos, hablo de preparación. Es indispensable la formación de la persona basada en su desarrollo humano en todos sus contextos. Se fundamenta en el principio de ser capaz de mejorar, para bienestar suyo y el de los demás. Cuando te educas aprendes a tener tu pensamiento crítico y propio para tu supervivencia, te da las herramientas y habilidades para encontrar mejores oportunidades y maneras de ver el mundo diferente a lo que las grandes masas nos quieren imponer. Nunca te duela invertir en tu propia educación, eso te pondrá en otro nivel de conocimiento y productividad. Puedes repasar el capítulo 4 donde hablamos mucho sobre **La Educación en el cumplimiento de los sueños**.

8. **La perseverancia y la disciplina:** la perseverancia y la disciplina son actitudes que todas desean, pero que pocas logran. Ser perseverantes es seguir tratando, a pesar de fallar, a pesar de las frustraciones y las dificultades. La disciplina deberíamos entenderla como orden, planificación y control. Va relacionada directamente con el aprovechamiento del tiempo y acciones repetitivas que provocan cambios profundos en la mentalidad de una persona. El lograr una meta no es

producto de suerte, es el resultado de la perseverancia y la disciplina. La planificación es importante para cumplir tus metas, pero no más que la perseverancia y la disciplina. Aunque esto va un poco en contra de mi manera de ser (planificadora y perfeccionista), me atrevo a decirte con pruebas y con toda seguridad que así mismo es.

El perseverante puede ser poco planificador y organizado, pero le gana al planificador que tiene poca perseverancia. Esto que les estoy diciendo, en mi cabeza calculadora no alcanzo a entenderlo y va en contra de todos los libros y estudios que he realizado, pero lo veo reflejado en mi diario vivir al lado de mi esposo. Mi esposo tiene un temperamento flemático y un poco de melancólico. Ha creado una carrera como músico internacional envidiable por muchos. Con tres Premios Grammy, viajes alrededor de todo el mundo, trabajo con grandes artistas, cientos de discos grabados y reconocido como el mejor percusionista de Costa Rica, en 17 años que tenemos de estar juntos, nunca ha tomado un cuaderno para planificar sus metas. Ser un planificador no ha sido su fuerte. En lugar de planificar en papel sus metas, lo que se propone en su mente lo hace cuantas veces sea necesario hasta que lo consigue y así ha logrado ser un exitoso músico y alcanzar sus metas. Cuando les pasa algo a las computadoras de mi casa y con poca paciencia, yo no puedo solucionarlo, a pesar de que soy la graduada en ingeniería de sistemas, viene mi amado esposo con toda su paciencia que se carga, le dedica las horas o días que haga falta hasta que logra repararlo. Eso se llama perseverancia... y también mucha paciencia ja, ja, ja, ja. Con este escenario puedo concluir que no se puede lograr nada sin un poco de cada cosa. Él la parte de tranquilidad y buen sentido del humor y yo energética, entusiasta y planificadora, creo que le ha dado un balance saludable a nuestra relación. Aunque a veces me desespere su tranquilidad, justamente ese es el componente que aterriza mi euforia.

Algunas razones por las que debes ser perseverante y disciplinada son porque te transformas en algo mejor, te conviertes en experta, te enseñan el valor del éxito y te llevan a él.

Actitudes que te ayudarán a ser perseverante y disciplinada:

- ❖ Define y repite el por qué lo haces.
- ❖ Poner alarmas en tu celular que te recuerden tu meta.
- ❖ Escribir mensajes en el espejo de tu baño u otro lugar que te lo recuerde.
- ❖ Tus metas grandes, divídelas en más pequeñas.
- ❖ Felicítate cada vez que logres algún avance de tu meta.

❖ Agradece a Dios por la oportunidad de lograr tu objetivo.

❖ Comparte tus metas con alguna amiga que te apoye o quiera lograr tu misma meta.

❖ No trabajes sola, busca apoyo de tu familia o grupos en redes sociales que te motiven.

❖ Acepta la posibilidad de fallar y no te culpes, al contrario, retoma de nuevo.

❖ Evita personas o cosas que te alejen de tu meta.

❖ Repite constantemente y visualízate con tu meta ya realizada.

"Porque os es necesaria la paciencia, para que habiendo hecho la voluntad de Dios, obtengáis la promesa." Hebreos 10:36

Si Dios me dijo que perseverara con paciencia haciendo su voluntad y recibiré todo lo que me ha prometido, yo le creo. ¿Y tú?

9. **Regula tus gastos**: si no regulas tus gastos, nunca tendrás más de lo que tienes ahora. El saber cuánto gastas te da la noción de hacia dónde se va su dinero. Si no has hecho la planificación de tus gastos, te invito a que lo hagas hoy mismo.

10. **Aléjate de la riqueza rápida**: el afán por la riqueza rápida nos puede llevar a cometer muchos errores y al final muy costosos. Muchas personas buscan los

atajos, la manera rápida, sin molestias y fácil de hacer dinero. Hoy en día, gracias al internet, vivimos el síndrome de programas microondas. Haga dinero fácil y rápido. Mis amadas amigas, antes de iniciar cualquier actividad que te ofrezca oportunidad de ganar mucho dinero mientras duermes, sin previo trabajo alguno, huye de eso. ¿Recuerdas que en el capítulo 5 hablamos de ingresos pasivos? Este tipo de ingresos sí nos permiten ganar dinero mientras dormimos, pero antes de que ocurra, tuviste que dedicar tiempo y trabajo para crearlo. No fue de la noche a la mañana. Las cosas reales y duraderas en el tiempo requieren ciertos sacrificios y trabajo. La Biblia nos habla de esto en Proverbios 20:21: *"Los bienes que se adquieren de prisa al principio, no serán al final bendecidos"*.

Estas son algunas señales que puedes aplicar para identificar oportunidades de negocios *online* falsas:

❖ Dominios sospechosos.

❖ Poco o nada de historial del negocio.

❖ No identificación, dirección o nombres de dueños claros.

❖ Demasiado bueno para ser verdad.

❖ Tener que pagar por adelantado algo para continuar el proceso.

❖ Piden tus datos personales antes de brindarte los detalles del trabajo.

❖ Y la mejor señal de todas es tu instinto. Si Dios te ha dado confirmación o sientes paz.

11. *Sé agradecida y generosa*: ser agradecida es una de las virtudes más maravillosas que puedes aplicar diariamente a tu vida, una de las que te cambiará tu manera de ver las cosas y traerá beneficios emocionales, mentales y físicos. Cuando te centras en agradecer todo lo que tienes, tus carencias pasan a un último plano. Según *Harvard Mental Health Letter*, dice que la gratitud está íntimamente relacionada con la felicidad. La Biblia nos dice en 1 Tesalonicenses 5:18 que seamos agradecidas porque esa es la voluntad de Dios para con nosotras las que pertenecemos a Cristo Jesús. Entonces, es importante dar gracias a Dios porque refleja cuán agradecidas estamos por todo lo que ha hecho en nosotras. Todos los días a cada momento tenemos muchas cosas por las cuales dar gracias, esto es indudable. Cristo nos salvó y nos santificó, ¿no es esto suficiente como para estar agradecidos con Dios? La gratitud va de la mano de la humildad, no se puede ser agradecido si no se es humilde. Lamento mucho cada

vez que veo a alguien con buena salud, casa, trabajo y todas sus necesidades básicas, quejarse y no agradecer. **Solo el hecho de despertar cada mañana, es motivo de sentirnos muy agradecidos por estar vivos.** Si no tienes la costumbre de ser agradecida o te cuesta serla, practica estas cosas:

❖ Decide ser una persona agradecida.

❖ Escribe una lista de cosas por las cuales agradecer.

❖ Piensa en lo bendecida que eres de tener lo que tienes cuando otros no.

❖ Di "Gracias" más seguido.

❖ Piensa y habla positivamente.

❖ Sé voluntaria en una organización con necesidades.

❖ Sé humilde.

❖ Estás viva.

❖ Acércate más a personas felices y positivas.

❖ Enfócate en dar más que en recibir.

La clave es ser una mujer agradecida, verás que siempre hay cosas buenas detrás de todo lo que sucede, te darás cuenta de que tu vida es maravillosa y serás muy feliz.

12. *Invierte tu dinero*: ¿tendrías una casa para vacacionar en las montañas o un yate, los cuales te representan altos gastos mensuales de mantenimiento, aunque esto te representara vivir en apretadas condiciones económicas en tu edad adulta? o ¿te gustaría vivir en una casa modesta ahora, rentar esa casa de montaña o yate pocas veces al año cuando planifiques vacacionar, pero tener una vejez asegurada financieramente, sin preocupaciones de dinero, dándote los gustos y comprando lo que quieras? La respuesta a estas dos preguntas definirá el éxito de tus finanzas. Si en tus planes decidiste ahorrar ese 10% para invertir, significa que el dinero se multiplicará y tienes posibilidades de que la segunda pregunta sea una realidad en tu vida.

Erróneamente se ha considerado que ser inversionista es solo para sabios. No se necesita ser financista o un genio para ser inversionista, se necesita tener la paciencia, la disciplina y la voluntad necesarias para aprender; por otra parte, no debe ser un método para ganar dinero rápido. Un inversionista es cualquier persona con la intención y el capital disponible para invertir. Es todo aquel que compra o vende un valor, sin importar lo que compre, su objetivo, el precio que paga, sus pérdidas o ganancias.

Muchas personas tienen sus ahorros guardados en su casa, haciendo que cada día tengan menos valor sus billetes. No estoy diciendo que no debemos ahorrar. Recuerda que anteriormente te recomendé ahorrar de 1 a 6 meses el dinero que necesitas mensual para sobrevivir. Esa será tu reserva en caso de estar incapacitada para trabajar. Recuerda que en nuestra planificación de gastos te sugerí guardar un 10% de tus ingresos netos para invertir. El objetivo de este dinero ahorrado es que ahora trabaje para ti, ahora debes estudiar qué posibilidades tienes para invertir y tomar la mejor decisión. Existen muchas opciones de inversión, mi recomendación es, si esta industria te interesa, edúcate y aprende a identificar las mejores opciones del mercado. Si no es tu caso, tienes la opción de buscar un asesor financiero o un bróker que te guíe y te ofrezca la gama de posibilidades que existen para generar ingresos pasivos. De una u otra manera, tu dinero empezará a crecer. Nunca es tarde o temprano para empezar con esto. Evalúa tus metas, la cantidad de dinero que deseas ganar y el tiempo de inversión.

A agregar dinero en una inversión, no retirar tus ganancias, sino reinvertirlas, le llamamos **interés compuesto** (acumulación de intereses que se han generado en un período determinado por un capital inicial). Esta fórmula tiene un poder impresionante, si lo decides hacer, comprobarás literalmente que el dinero trabajará para ti.

Se podrían escribir cientos de libros sobre este tema, pero si te llama la atención, te recomiendo seguir de cerca y leer los libros de dos sabios de la industria: Warrent Buffet y Benjamín Graham como *El Inversor Inteligente.*

Si tú estás leyendo este libro es porque realmente hay algo en ti que te ha movido y porque sientes que quieres ser mejor cada día, eres diferente, eres como un águila. Las águilas vuelan solas, pero vuelan alto, más alto que cualquier otra ave, pero cuando encuentran a otras águilas se unen y comienzan a volar juntas. Busca a tu alrededor personas que piensen y que tengan los mismos intereses de superación que tú.

Los seres humanos somos el promedio de las cinco personas que nos rodean. Si las personas que están a tu alrededor son negativas y viven quejándose el día a día de la crisis económica, el gobierno o de su escasez, de seguro que tú serás el promedio de ellas. Si, en lugar de eso, las personas que te rodean son optimistas, exitosas, disciplinadas o esforzadas, te aseguro que tú eres una de esas personas. Cuando venimos de un entorno donde te han dicho qué hacer con tu vida y de repente empiezas a cambiar y a crear cosas diferentes, pasas a ser el bicho raro y a no encajar más en sus moldes. Mi invitación es para que salgas de eso, comiences a relacionarte con personas de las que puedas aprender y las que hayan tenido resultados.

Deja que brote de ti la esencia pura de tu ser, sé tú misma, crea la mejor versión de ti, ámate, acéptate tal y como eres. Tú mujer que lees estas líneas vales mucho y las cosas que no te gustan de ti apúntalas en un papel y enfócate en irlas eliminando. Créeme que te lo dice alguien quien ha luchado mucho por cambiar cosas de su personalidad que no están alineadas al estilo de vida que desea tener y enseñarles a sus hijos y, aunque nunca vayan a desaparecer, sí se pueden aprender a controlar.

Emprende tu negocio hoy mismo, trabaja duro por un tiempo, construye tu libertad financiera, crea todas las formas de ingresos pasivos posibles y disfruta tu vida siendo como eres, haciendo lo que te gusta; no seas una más de las que están allá afuera quejándose cada segundo de su vida, poniéndose excusas y culpando al gobierno o a la economía de su crisis actual, eso sí, aprende también a disfrutar el proceso, los altos y bajos son parte del viaje, pero el límite te lo pones tú misma, el cielo es el límite.

Capítulo 8

HACER LO QUE ME GUSTA Y GENERAR DINERO

Desde niña recuerdo jugar con mis muñecas poniéndolas en un salón de clase, enseñándoles y calificando sus tareas. En mi juventud y como requerimiento para graduarme, fui instructora en una escuela de natación para niños más pequeños, cuando empecé con mis estudios universitarios, la carrera que escogí fue Pedagogía en Sistemas de Computación, si recuerdas al inicio del libro te conté que a los dos años de mi carrera universitaria nos mudamos a vivir a Costa Rica, país donde no existía esa carrera, por lo cual me representó dividirla en dos carreras diferentes. ¿Adivinas cuál fue una de esas dos carreras universitarias que hice? Efectivamente Pedagogía y la otra fue Ingeniería de Sistemas.

Aunque tengo estudios de pedagogía y a lo largo de mi vida he tenido muchas oportunidades de enseñar a otros, no me veía siendo una maestra en un colegio de tiempo completo, cumpliendo un horario o enseñando en un salón de clases, sabía que mi llamado iba mucho más allá. Cuando empecé a estudiar y aprender sobre el emprendimiento, fue tanta mi pasión por esto que me especialicé, estudié, leía libros y me esforcé por ser la mejor en lo que hacía. Fue así como logré liderar y capacitar todas las semanas a varios grupos de socios de la compañía de *network marketing* de la cual era socia. Estuve en varios países donde pude enseñar temas como el liderazgo, crecimiento personal, finanzas y cómo emprender en la nueva economía, en conferencias internacionales de cientos de personas. Así fue como llegue a sentirme aún más realizada que nunca y fue durante estas conferencias cuando decidí escribir este libro y poder enseñar a muchas otras mujeres el camino de cómo ellas también podrían cambiar sus vidas.

Si tú eres como yo, a la que le gusta hacer muchas cosas, multifacética, te habrás enfrentado en algún momento de tu vida con la incógnita de definirte en cuál campo de todo lo que te gusta hacer generarías más ingresos. Lo que a mí me funcionó fue hacer una lista con todo lo que me apasionaba hacer y al frente de ella escribía si había hecho algo de esto anteriormente, con qué frecuencia y cuánto me había generado. Así pude concluir que un propósito que Dios puso en mi vida era enseñar.

LO QUE ME APASIONA

Si aún no estas segura sobre en qué emprender, te invito a que hagas este ejercicio y saques tus propias conclusiones. Más importante que la cantidad de dinero que este te pueda proporcionar, recuerda que es lo que más te apasiona.

¿Qué me apasiona hacer?	¿Con qué frecuencia?	¿Cuánto me ha generado?

Poner a Dios como centro de todo, ganar dinero por tus propios medios, lograr tus metas y tener libertad de tiempo y dinero para vivir la vida que realmente quieres y no la que te toca, es el objetivo de este libro. Si lo que deseas es hacer lo que tú quieres sin un jefe, un horario fijo o una cámara vigilándote todo el día, deberás irlo creando poco a poco. Si dejas tu trabajo de tiempo completo ahora mismo, tus deudas y facturas te ahogarán y perderás cualquier avance logrado. Puedes empezar con un negocio que manejas en tu tiempo libre que te brinde la flexibilidad de buscar lo que más te interesa.

Comenzar un negocio usando solo unas pocas horas a la semana mientras estás empleada también te permite asegurarte de que tu negocio tenga bases sólidas, adquieras capital y no riesgos futuros.

Algunas mujeres se quedan en el intento, porque piensan que necesitan dominar una habilidad única o tener una gran idea antes de que puedan comenzar a trabajar por sí mismas y abandonar sus empleos. Piensan erróneamente que no tienen tiempo para dominar una habilidad y, sin ella, no pueden seguir adelante con su negocio de medio tiempo. No necesitas ser la mejor del mundo para comenzar a ganar dinero ahora mismo y te sorprenderías de lo rápido que puedes poner tus habilidades a producir a la par de tu empleo. De hecho, es probable que ya tengas habilidades comerciales sin siquiera darte cuenta, la cosa es que la habilidad es solo una parte de la ecuación de hacer dinero. También debes poder aportar ideas sobre cómo usar esa habilidad y luego encontrar clientes que te paguen por ello.

GENERANDO INGRESOS DESDE CASA

Aquí te doy algunas ideas sobre en qué utilizar tus habilidades y sacar provecho económico de ellas. Son solo ejemplos, hay cientos de opciones más que puedes seguir, usando habilidades que ya tienes o que puedes aprender fácilmente. Si realmente deseas hacerte cargo de tu futuro financiero, desatar tu creatividad y construir algo que tenga un impacto positivo en el mundo, aquí hay algunas ideas para ayudarte a comenzar.

1. *¿Hablas dos o más idiomas?* Puedes ser traductora desde tu casa. Existen plataformas que te permiten hacerlo, solo debes crear tu cuenta, publicar tus servicios, ellos te consiguen los clientes y te cobran una comisión por su servicio. Estas son algunas páginas para esto: Verbling o Verbalplanet, aquí tu pones el precio de tu clase y tu disponibilidad de tiempo. Las ganancias de los maestros están entre $10 y $40 por hora en sesiones de 45 a 60 minutos.

2. *Alquila una habitación:* intercambia tu espacio extra por dinero. Puedes alquilar cualquier habitación de tu casa, siempre y cuando esté limpia, tenga una cama y un precio justo. Airbnb es una plataforma que hoy en día está afectando la industria hotelera. Esta compañía aplica todos los conceptos que estudiamos de la nueva economía. No es dueña de ninguna casa o habitación, pero maneja más de 2.9 millones de hospedajes y más de 150 millones de usuarios en 191 países. ¿Por qué no usar tu habitación libre para ganar dinero e incluso hacer nuevos amigos? Airbnb hace todo el *marketing* por ti y las opciones de ganancia son infinitas. Conozco amigos que están haciendo desde unos pocos miles hasta unos cientos de miles de dólares al año, incluso han rentado o comprado otras propiedades solo para este negocio.

3. *¿Diseñadora, programadora, escritora, buena voz, idiomas, planificadora, traductora u otra habilidad?* Ofrece tus servicios ayudando a otros. Como te dije antes, existen muchas plataformas donde puedes tanto solicitar estos servicios como prestar tus servicios a otros. La mayoría son plataformas súper exitosas con millones de profesionales ofreciendo sus servicios a increíbles precios y de alta calidad. Si buscas como negocio alguno de estos servicios, te recomiendo acudas a estas plataformas y aprovecha los increíbles precios. Lo único que como profesional que presta sus servicios ahí debes considerar es que debes optimizar tus procesos para que te resulte, porque, para empezar y cuando nadie te conoce, debes cobrar menos de lo habitual, una vez que ya tengas tus clientes creados y buenos comentarios por tu trabajo, podrás ir subiendo el valor de tu trabajo. Algunas de estas plataformas son: Fiverr, Freelancer y Upwork. Acorde con Freelancers Union, solo en Estados Unidos, 54 millones de personas trabajan de esta manera y muchos de ellos se encuentran en estas plataformas. Con la exposición que tienen estas páginas en tantos países, tus ganancias no tienen límites. Solo Freelancer tiene más de 33 millones de usuarios registrados y más de 15 millones de trabajos realizados.

4. *Vende tus conocimientos y experiencia:* esta es una tendencia que está muy de moda hoy en día. Escribe

un libro o crea un curso en línea. No permitas que tus grandes lecciones de vida y sabiduría se conviertan en polvo a lo largo de los años, ayuda a muchas otras personas con esto. Hay millones de ideas y cosas que puedes enseñar a otros, puede ser algo muy detallado, no tiene que ser un tema global para que lo puedas compartir. Por ejemplo: ¿sabes hacer platos veganos? ¿Cómo hacer que tu esposo te ayude en la casa? ¿Cómo terminar las tareas con tus hijos en menos de 30 minutos? Sea lo que sea que escojas, es posible crearlo, empaquetarlo y venderlo como un curso en línea.

Según Forbes, se proyecta que el mercado mundial de aprendizaje virtual tendrá un valor de $ 325 mil millones en 2025. Como todo en la vida, las cosas solo hay que decidir hacerlas para que sucedan. Tú misma puedes crear tus libros o cursos y venderlos, pero si no sabes por dónde empezar, puedes contactarme que yo estaría feliz de ayudarte en eso. También puedes usar plataformas como Udemy que te permiten configurar tantos cursos gratuitos y de pago como desees, en una variedad de temas, sin cargo por adelantado para ti, solo hasta que vendas. Udemy trabaja sobre una base de ingresos compartidos y las ganancias promedio de los instructores son de $ 15,000. Lo mejor de plataformas como esta es que ofrecen una gran cantidad de recursos gratuitos para personas de todos los niveles, incluso si buscas aprender algo, ahí también lo puedes aprender. Así que deja de retener tu inteligencia, comienza a enseñar y comienza a recibir un pago por tu conocimiento.

5. **Si te gustan las manualidades:** puedes crear tus propios productos y venderlos *online*. Si tomas fotos curiosas, pintas, haces diseños o manualidades como pulseras, tejes, sombreros, etc., existen páginas de mercadeo en línea para artistas, artesanos y coleccionistas para vender sus productos. En Etsy lo puedes hacer, es una página que se especializa en artículos hechos a mano, antigüedades y materiales para manualidades. Cuenta con más de 1 millón de tiendas, más de 1,5 billones de visitas mensuales y más de 20 millones de productos a la venta. Se caracteriza por su accesibilidad a cualquier persona de abrir su tienda, vender de manera segura y donde tus talentos son bien apreciados. Si deseas emprender usando esta plataforma, te invito a que contactes a mama360academy.com, una mamá super talentosa, emprendedora y destacada en el mundo del *ecommerce* por su escuela en línea sobre Etsy, donde te enseña el paso a paso para lograr tener éxito con esta herramienta.

6. **Dropshipping:** es una técnica de venta, donde la persona que hace el *dropshipping* gana por una venta realizada a través de su página, sin tener los productos en sus manos, sino que son transferidos directamente del fabricante al comprador. Es decir, yo hago una tienda

virtual donde pongo a la venta varios productos que
no poseo (no tengo en inventario), los tiene un fabricante al cual antes de esto contacté y le ofrecí vender
sus productos a través de mi tienda virtual, ese vendedor aceptó mis términos. Una vez creada mi tienda y
después de promoverla, cuando realice una venta, esta
orden va al fabricante y este envía el producto a mi
cliente, con el dinero de esa venta pago al fabricante
el precio del producto y saco mi comisión.

MI CLIENTE   1. Mi cliente hace una orden en mi tienda   MI TIENDA   2. La orden va al fabricante   FABRICANTE

3. El fabricante envía el producto a mi cliente

Las ventajas del *dropshipping* son que no tienes que
comprar inventario, puedes abrir tu tienda muy rápido,
trabajas desde cualquier parte y sin límites de tiempo ni
espacio, pues puedes correr tu negocio desde tu celular.
Lo malo es que no tienes el 100% del control sobre lo
que tus clientes reciben, tienes más competencia y a
veces los costos de envío perjudican tus ganancias. Las
desventajas no significan necesariamente que será tu
caso, tengo conocidos de la industria a los que les va
super bien con esta modalidad de negocio. El *dropshipping* es un mercado que mueve más de $300 mil millo-
nes de dólares solo en los EE. UU. y está creciendo casi

un 17% al año. No se puede negar que esta modalidad de ventas es enorme y que cuenta con herramientas increíbles disponibles para ayudar a las personas a configurar su tienda en línea y a promoverlas.

7. **Maneja las relaciones sociales de otros:** un *social media manager* (SMM) es la persona encargada de construir, administrar, agregar contenido y mantener una relación duradera y recíproca con la comunidad en las redes sociales de una empresa o una persona. Por el hecho de que muchas personas viven metidas en sus redes sociales, comentando y subiendo contenido, se cree que es un trabajo fácil. Lo que muchos no saben es que muchas de las cosas que hacen no les favorecen o no van acordes al nivel profesional que se debería proyectar. Aunque hoy existen muchas aplicaciones que facilitan la alimentación de contenido, si te vas a dedicar a esto, debes prepararte muy bien en campos como el diseño gráfico, mercadeo, ventas, persuasión, escritura, entre otros. Recuerda que no es tu vida la que estás mostrando o promocionando, es la de tus clientes y si no te identificas con ellos, la labor será poco receptiva por los seguidores.

8. **Mercado de afiliados:** es la práctica de recomendar productos o servicios de una empresa a clientes potenciales, generar una venta y ganar una comisión a cambio. Este proceso generalmente involucra cuatro

partes: tu página de promoción, tu *link* como afiliado, la página del dueño del producto y el comprador. Debes tener conocimiento de conceptos como optimización de contenidos, embudos de ventas, mercadeo, SEO, creación de sitios web, redacción y revisión de pruebas. También debes tener mucha paciencia y más si es la primera vez que lo tratas de hacer. Debes aprender a crear contenidos genéricos altamente relevantes, de excelente calidad y escoger los productos correctos que vas a comercializar. Las tres ventajas principales del mercado de afiliados son su potencial de ganancias ilimitadas, la comodidad de hacerlo donde y cuando quieras y su modelo económico y rápido.

9. **Crea redes de personas:** gracias al Network Marketing o Mercadeo de Red (MLM) aprendí que existen otros medios de generar libertad de tiempo y dinero, distintos a la forma tradicional (empleada) que de pequeña me enseñaron. Aprendí y continuo aprendiendo cómo trabajar con las personas, a transformar mi mente, mis creencias, a eliminar paradigmas y muchas otras cosas por las que hoy en día me siento bendecida de haber llegado a esta industria maravillosa. Según la Asociación de Venta Directa (Direct Selling Association —DSA—), las redes de mercadeo solo en Estados Unidos generan más de $36 mil millones en ventas y cada año se incrementan, también prometen no solo esa increíble transformación personal, sino la

posibilidad de un estilo de vida deseado por todos, es debido a estas razones y a la cantidad de personas y dinero que mueven a nivel mundial, que han sido criticadas y comparadas con esquemas ilegales de pirámides que han estafado a lo largo de los años.

Una compañía de mercadeo en red se define como un método de venta directa en el que los socios o agentes independientes sirven como distribuidores de sus productos o servicios, se les reconoce monetariamente por su poder de ventas y mediante la asociación y capacitación de otros agentes independientes. Desafortunadamente, no todas las oportunidades de mercadeo en red son una oportunidad comercial legítima. Muchos esquemas piramidales, fraudes diseñados para robar el dinero de las personas, se disfrazan como un MLM. La gran diferencia entre una verdadera compañía de redes de mercadeo y los esquemas piramidales es que el MLM es legal y los esquemas piramidales no lo son. Participar en un esquema piramidal es un delito en virtud del Código Penal de muchos países y su único propósito es obtener tu dinero y luego usarlo para reclutar a otros.

He podido conocer muchas personas increíbles en varios países a través de esta industria. También he podido ver en muchos de ellos la transformación en todo sentido incluso económico. El mercadeo en red es muy importante en el mundo moderno de hoy, me atrevo a decir que todo alrededor de nosotros funciona como una red. Ha existido durante décadas y ha cambiado la vida de millones de personas.

Hay diferentes maneras en que una persona puede ganar dinero, ya sea como empleado, autoempleado, dueño de negocio o inversionista. Lo que todos sabemos es que personas como Bill Gates, Warren Buffett, Steve Jobs y otros millonarios han hecho algo diferente y ganan mucho dinero, es porque tienen o han tenido a miles de personas trabajando para ellos. Eso es lo que hace esta industria, la posibilidad de que una persona común gane mucho dinero apalancado del trabajo y apoyo de todo un equipo. Lo dice uno de los principales economistas y asesores financieros del mundo, el Sr. Robert Kiyosaki. Si te interesa generar dinero residual, ayudar a otros y crecer en esta industria, debes primero tomar la decisión verdaderamente de hacerlo, educarte y conseguir tus clientes potenciales para formar tu red de consumo y tu equipo de trabajo.

10. *Asegura a las personas:* un agente de seguros ayuda a otras personas a cubrir sus necesidades, puede ser de vida, de salud, para su negocio, auto o casa. Estas personas ganan comisión por la venta la primera vez, pero después reciben dinero residual por todo el tiempo que la persona tenga vigente su seguro. Según Statista, en 2017 había aproximadamente 2,66 millones de empleados en el sector de seguros en los Estados Unidos y muestra un crecimiento significativo. Es una

industria muy llamativa al permitir también trabajar desde casa y generar dinero, aun cuando estés durmiendo. Para trabajar como agente de seguros necesitas una licencia estatal que se adquiere pasando un examen de prueba relativamente corto y fácil.

11. *Compra propiedades y réntalas* : la industria del bien raíz siempre ha sido muy atractiva para muchas personas, especialmente para inversionistas. Tiene una gama de posibilidades inmensas de generar dinero, lo malo para muchos es la falta de capital para empezar. Desde comprar para revender, reparar y luego vender, rentar, hasta poseer parques de casas móviles, se puede emprender con o sin ningún capital o con el capital de otro. Existen varios programas a la venta que te educan para ser un buen inversionista, te enseñan a comprar, revender y crear capital en esta industria, no tengo nada en contra de ninguno de ellos, es más, pagué miles de dólares como estudiante de todo el programa intensivo de Real Estate de Robert Kiyosaki, el cual es excelente y con el que logramos aprender mucho y dar nuestros primeros pasos como inversionistas en bienes raíces, pero por lo mismo de contener tanta información, se vuelve una bomba atómica en tu cabeza que quiere explotar.

Mi recomendación, si te interesa esta industria, es que comiences poco a poco, aprendiendo una técnica a la vez con todas las herramientas e información que internet te brinda gratis. Con todo lo que más puedas aprender de manera gratuita, puedes empezar a generar dinero y si no cuentas con nada de capital, empieza por aprender cómo puedes adquirir una propiedad a un precio menor del precio real y venderla a otro sin poner tú un solo dólar. Haz esta operación un par de veces y capitalízate con unos cuantos dólares, después de eso tendrás para invertir y pagar por educación de alta calidad.

12. *Mejora las finanzas e inversiones de las familias:* amo las finanzas, las inversiones y, sobre todo, amo ver familias restauradas económicamente. Este trabajo para mi tiene muchos beneficios y satisfacciones, se puede desarrollar también desde casa o por internet y cada plan de retiro o de inversión genera ingresos residuales. **Un asesor financiero es aquel que de manera personalizada revisa tus finanzas, busca la manera de corregir los malos hábitos, educar y planificar para asegurarte un mejor futuro.** Un informe del Cerulli Associates en el 2012, reveló que solo el 7.9% de los asesores financieros eran mujeres. Al mismo tiempo, las mujeres tienen poder de decisión en más del 39% de todos los activos de inversión en los EE. UU. Esta necesidad de asesores financieros proporciona una gran oportunidad para mujeres interesadas en una carrera en la industria de servicios financieros.

Invierte en cualquier tipo de educación, conocimiento o habilidades que necesites para hacer más dinero, generar más flujo de efectivo y dinero residual.

La mayoría de las personas piensan en conseguir otro trabajo o adquirir más estudios universitarios para aumentar sus ingresos. Algunos de esos lo consiguen, sus ingresos aumentan, pero a la misma vez sus gastos también. ¡No caigas en eso! Debes estar capacitada para manejar grandes cantidades de dinero y tener el control de tus finanzas, si no tienes la educación para eso, el dinero se acabará tan rápido como no te lo imaginas. Lo correcto sería **incrementa tus ingresos, disminuye tus gastos e invierte tu dinero.**

Aprende a generar más dinero, para que este produzca más y así sucesivamente hasta que logres tu libertad financiera. Si estás trabajando como empleada, empieza a usar un par de horas al día para lograr tus sueños. Sin renunciar a tu trabajo, sin necesidad de rentar oficinas ni tener empleados, solo aprende el sistema y empléalo para tu conveniencia. Se llama trabajar inteligentemente. **Usa el internet y busca solucionar el problema de alguien.**

Capítulo 9

YA TENGO TODO Y AHORA QUÉ

Tengo a mi alrededor personas maravillosas que admiro y respeto con todo mi corazón. Una de ellas es mi mamá. Ella es una gran luchadora, aparte de ser una mujer muy linda físicamente, ella es carismática, alegre, se hace querer desde el primer momento, ha sido una gran líder desde que tengo uso de razón y lo mejor de todo es su gran corazón de ayuda y amor a otros. Mi mamá desde que enviudó de mi papá (yo tenía 12 años y mi hermano 13), se hizo cargo de nuestra familia, trabajando arduamente por sacarnos adelante. Recibimos como herencia una finca ganadera, la cual mi mamá ya manejaba con mi papá desde antes de que el falleciera. Al encontrarse sola, cualquier compra o venta del ganado que comercializaba le representaba enfrentarse a un ambiente totalmente hostil y machista. Recuerdo como si fuera ayer, ver a mi mamá, vestida de ganadera, con sus jeans apretados, su sombrero, sus botas y su tremenda figura, asumiendo el rol que le correspondía al hombre del hogar. En ese entonces no había mujeres solas (ni viudas como ella) haciendo lo que le tocó. Su firmeza y su coraje nos enseñó a mi hermano y a mí, a enfrentarnos a nuestros propios miedos con valentía, aun sabiendo que al principio no contamos con todos los requisitos que se requieren.

Hoy en día tengo muy claro que, aún con miedos, debo ir a conseguir lo que Dios ponga en mi corazón. **Muchas mujeres se quedan en las ganas de hacer algo, agrandan los obstáculos y minimizan sus capacidades para lograrlo.** ¿Qué hubiese pasado si mi mamá se hubiera dejado ganar por el miedo a enfrentarse a ese medio que ya en sí para los mismos hombres es muy duro, se prestaba para robos, chantajes, hasta secuestros? Estoy segura de que nuestro futuro sería totalmente diferente, que no hubiéramos tenido los recursos económicos que tuvimos, hasta que nuestra herencia quedara en manos de cualquier hombre de tantos que la pretendían. Pero no, siempre fue firme a sus valores y principio, y lo mejor de todo es que confió en lo que Dios había puesto en su corazón de usar ese negocio como la herramienta para darnos una mejor calidad de vida y en que él le daría las habilidades para manejarlo.

Si ahora mismo tú crees que, con todo lo que has estudiado con este libro, no te sientes preparada para emprender, te estás diciendo que esto de lanzarse aún con miedos no es para ti o no tienes las capacidades de líderes famosos que sí lo han logrado, es justamente por lo que tienes que enfrentarlo hoy mismo y arrancar. Cada una tiene su propio potencial y sin necesidad de conocerte, te puedo decir que tú tienes tu propia luz y tus propias cualidades que te llevarán de pequeñas cosas a crear grandes resultados, solo debes empezar a creerlo e intentarlo. Si no lo intentas continuarán pasando los años, las cosas seguirán igual que hasta ahora y definitivamente tu futuro será otro.

Yo creo absolutamente en que lo vas a lograr, si estas leyendo este libro es porque ya Dios puso esa semilla en ti y la fortaleza para lograrlo. Las personas que han logrado grandes resultados lo único que hicieron fue creer en ellos mismos, tener visión y trabajar en pro de eso. Cuando empezaron, ellos no tenían todas las habilidades que hoy tienen, no eran especiales o tenían suerte, por el contrario, se lanzaron con miedos, con inseguridades, equivocándose muchas veces, levantándose de nuevo, siendo perseverantes y tratándolo una y otra vez en contra de sus obstáculos.

Lograr ser una mujer exitosa no se logra excepto que trabajes para ello.

La diferencia entre la mujer que tiene éxito y la que no es la extra milla recorrida. La meta de tu vida profesional será dedicarte a ti misma, tu pasión y tu llamado, buscando la manera de lograr tu éxito trabajando con tus habilidades.

El secreto del éxito es hacer de tu vocación una vacación. —Mark Twain

Es decir que, cuando tú amas lo que haces, deja de ser un trabajo y se convierte en una diversión. El trabajo debe ser asignado por Dios, para que calce perfectamente con tus talentos, tus habilidades y lo disfrutes.

Ya tienes como base los hábitos para llegar a ser una mujer exitosa. Ahora es tiempo de llegar a tu siguiente nivel. Si sientes que estás en medio de mucha teoría aprendida y la falta de acción, solo necesitas los pasos para terminar de accionar. Por eso quise escribir este libro, no solo para motivarte a lograr tus sueños, sino para darte el camino a seguir.

UN PASO A LA VEZ

Enfócate en algo pequeño a la vez y que sea realizable. Planifica trabajar por lo mínimo 100 días seguidos, sin interrupciones. Si por alguna razón un día no cumples con tu propósito, vuelve a empezar. Evalúa y califica tus acciones y progresos máximo semanalmente. Al final de esos 100 días serás otra mujer, serás grandiosa y comprobarás qué tan productiva, disciplinada y enfocada puedes ser. Si la lista de cosas por hacer es larga, tienes que decidirte solo por un par de ellas al día. Enfócate y dedícate en una o máximo tres cosas a la semana, lograrás cumplirlas mejor y la satisfacción es algo que no tengo palabras para expresarlo: ¡¡¡¡¡¡SIMPLEMENTE ESPECTACULAR, INCREÍBLE, NO TIENE PRECIO!!!!!! Es moverse en la dirección correcta. Tú podrás intentarlo de otra manera y lograr cosas, pero solo lograrás tu máxima potencia haciendo las cosas correctamente y siguiendo los pasos del que ya lo logró. En el camino irás adaptando ciertas cosas a tu propia personalidad y cuando logres tus propias metas, podrás enseñar tu manera.

Voy a salir y hacerlo, y mostrarme a mí mismo que es posible, porque la posibilidad es muy contagiosa. Si te demuestras que algo es posible en tu vida que alguna vez creíste imposible, eso te dará confianza durante toda tu vida. —Trent Shelton

En el capítulo 3 te compartí una forma para planificar tu día. La siguiente forma que aprendí de Darren Hardy y que la puedes descargar de su página web, me ha ayudado muchísimo para crear mi lista de prioridades y poder detectar las cosas que me quitan el tiempo o que no son prioridad en ese momento.

Sistema de Planificación para el Domingo

MISIÓN:

META #1	META #2

META #3	NO PRIORIDADES (Me quitan tiempo)

"El juego se gana antes de ser planeado, si lo planea ganar!" —Darren Hardy.

CALLANDO LAS VOCECITAS

No solo tenemos una lucha interna con nuestras propias voces, sino las voces externas de los que no quieren que tengas éxito o que temen pierdas mucho si lo intentas. Te puedo asegurar que solo la persona que no ha tratado algo te dirá que no lo hagas tú tampoco. El miedo e inseguridad que ellos sienten de fallar y equivocarse te los expresan para que tú no pases un mal momento. Las personas que se lanzan y logran vencer sus miedos te exhortarán a que lo intentes porque detrás de ese miedo hay un gran logro por conquistar. Cuando más duele y afecta, es cuando se trata de ese familiar o "amigo especial" que queremos mucho, pero que te creen medio loca. Comienzan a decirte que eso de emprender no es para ti o que no creen en que lo vas a lograr.

Durante un par de años, cuando inicié mi emprendimiento, comencé a prepararme y a intentar proyectos, pero en muchos de esos no los terminé. Tuve amigos e incluso familiares que me cuestionaban hacia dónde me dirigía, en lugar de empuje, me hacían confirmar en mi mente lo que las voces del miedo e inseguridad me decían a diario. Las vocecitas negativas que me paralizaban, que no querían que triunfara ni que saliera de mi zona de comodidad (*incómoda*), pero que muy bien sabía que debía aprender a callar. Esa voz que me repetía que no iría muy lejos con mis locuras y que lo mejor era buscar un trabajo "*estable*". Gracias a Dios aprendí a manejar esas voces, no a callarlas, pues entiendo que ellas estarán ahí siempre, pero a no darles más control sobre mi vida. **Entonces decidí que esos comentarios que no aportaban a mi propósito los usaría como gasolina para ser más perseverante y lograr lo que me proponía.**

Descubrí que, de acuerdo con el estatus de la persona con la que hables, será tu manera de autocalificar tu nivel de éxito. Es decir, si hablas con una persona que esté por debajo de tu nivel de conocimientos, de logros cumplidos o de situación económica, te hará sentir que has logrado mucho y que eres exitosa (comparándose contigo). Si, por el contrario, hablas con una persona que ha logrado muchas más cosas que tú, que tiene mejor situación económica que la tuya o que sus estudios o conocimientos son mejores, te sentirás que te falta mucho por alcanzar. Aquí tenemos mucho que poder decir al respecto, pero nunca he estado de acuerdo con que las comparaciones son buenas, si son para fortalecerte y ser mejor cada día. Siempre habrá personas mejores que tú y otras en condiciones menores que tú. Creo que eso es sano y nos brinda la posibilidad de poder ayudar a otros en cualquier aspecto y a la vez aprender e imitar a otros para mejorar.

Cada vez que tenía la oportunidad de viajar a algún país, de hablar con mis amigas o simplemente de estar como invitada extranjera en ese lugar, me encontraba con personas que admiraban mi trabajo, mi fuerza, mi dedicación y mis logros. Me veían como una mujer exitosa. Yo en mi mente no lo veía así, me autoanalizaba y les expresaba que tenía muchas debilidades y mucho por lograr, porque, aunque ellas veían en mí logros, yo misma me comparaba con personas exitosas y me veía lejos de lograr ser como ellos. Pensaba en las vocecitas malas que me recordaban que era indisciplinada y que tenía muchas cosas inconclusas. Eso no me apoyaba, no me permitía valorar todo lo que había logrado y que otros sí veían en mí, sino que, por el contrario, me alejaba de mis metas.

Las personas con más éxito son en su mayoría las más humildes y las que más te quieren enseñar. Tengo la bendición de rodearme de personas exitosas que me han alentado a luchar por mis metas, que me decían que los fracasos eran parte del aprendizaje, que estuvieron ahí para alentarme cuando no quería avanzar, que en lugar de cuestionar mi avance, me impulsaban a lograr más cosas, deseaban que yo también lo lograra y me enseñaban a hacerlo. También me he encontrado con el otro extremo de tipo de personas, aquellos que no me impulsaban en mi emprendimiento, que en su mayoría sentían celos, envidia y sobre todo miedo a que si yo lo lograba estaría muy lejos de todo lo que ellos habían logrado. Ahí era donde comprobaba que **los ricos te ayudan y los pobres**

te envidian (cualidades de cómo piensa un rico y como piensa un pobre capítulo 6). Y no hablo exclusivamente de ricos o pobres de dinero, sino de pensamiento.

GANA EXPOSICIÓN Y EXPERIENCIA

Busca medios para que muchas personas conozcan sobre ti y lo que tienes para aportar a sus vidas. Mientras más personas te conozcan, mayores serán tus posibilidades de conseguir más clientes. Trata de ser bien específica y clara con tu nicho de mercado (edades, género, gustos, países, etc.). Construye estrategias de mercadeo que te acerquen a ellos. Realiza visitas a lugares frecuentados por este tipo de personas, usa tus contactos (amigos) que te puedan recomendar a otros y quédate siempre atenta a identificar otras fuentes para el crecimiento de tu cartera de clientes.

Siempre llega a tu público siendo muy genuina y usando tu verdadera identidad (personalidad). Ser auténtica es ser legítimas, naturales, reales, sinceras, genuinas y creíbles. Cuando somos realmente nosotras mismas estamos cumpliendo con el propósito para el cual Dios nos creó, donde tu vida cobra el verdadero sentido y donde se encuentra la plenitud que anhelas.

A medida que avanzas en tu camino del emprendimiento, aprende de tus errores, esfuérzate por ser mejor y gana experiencia. La experiencia te vuelve experta. La práctica constante, el estudio y la autoevaluación también te proporcionan experiencia.

EL NUEVO RETO

El nuevo reto es ahora contigo misma, cambiar tus hábitos que no te favorecen, dependerá única y exclusivamente de ti. De nada servirá este libro y su contenido si tú no lo aplicas. Sé que te he dado mucha información sobre qué hacer, pero la mayoría de nosotras lo único que necesitamos es leer una sola cosa para hacer la diferencia. Una simple cosa que te lleve a tu próximo nivel y que haga la diferencia entre tu pasado y tu futuro. Ahora mismo comienza tu propio reto de caminar un día a la vez, pero siempre haciendo algo en pro de conseguir esos sueños. Es tiempo de poner estos hábitos a trabajar a tu favor. Recuerda que vendrán obstáculos, momentos de tristeza, de no querer hacer nada, de rendirte, serán momentos de locura, pero justo ahí es donde tienes que recordar tu gran porqué haces esto y los hábitos que has aprendido. Practica el "*Solo por hoy*" y el paso a paso.

Si dices que este no es tu mejor momento para iniciar, entonces te estás diciendo que no existirá un buen tiempo. Nunca las circunstancias estarán alineadas, por el contrario, cuando veas más oposición de lo que te rodea, es señal de hacer algo diferente. Podrás buscar otro libro, otro curso, pero ninguno llegará a ser el útil mientras tu mente no se abra o te decidas a tomar las riendas de tu vida de una vez por todas.

Tu historia empieza a escribirse hoy mismo en el que podrás ya verte en tu siguiente nivel de una vida en abundancia, prosperidad, felicidad y cumpliendo tus propias metas de éxito. Ya tienes las instrucciones, ahora qué esperas, toma acción, sé valiente y perseverante más que superdotada, muéstrale al mundo de qué estas hecha y deja también tu legado. Hazlo no solo por ti, sino por esa generación que viene detrás de ti copiando tus pasos e imitando tus acciones.

Te invito para que lo primero que hagas sea buscar a Dios y crear una relación íntima con Él. Si no lo conoces, invítalo a que sea el dueño de tu corazón porque Él es la clave para que todos estos hábitos se aferren verdaderamente a tu vida. Él es el que nos soporta, nos da aliento, nos inspira, nos abre puertas, nos próspera, nos da las fuerzas, nos cuida, nos ama, nos acepta tal cual somos y no me alcanzarían las páginas para continuar nombrándote las maravillas que nuestro amado Dios hace por nosotros sus hijos.

Cuenta conmigo en todo lo que necesites, mi propósito de vida es ayudar a que otras mujeres tengan el éxito que anhelan y vivan su vida plenamente. Disfruto y me gozo ver a otras mujeres teniendo éxito y logrando sus metas, porque Dios está buscando más almas para expandir su reino y porque estamos en tiempos proféticos donde las mujeres seremos pioneras y líderes en muchos ámbitos. Mujeres triunfadoras, líderes, soñadoras, atrevidas, decididas a cambiar el mundo y a dejarle un legado a sus hijos que serán los futuros gobernantes y los futuros habitantes de esta tierra.

Cuéntame de ti, quiero conocer tu historia, escríbeme qué sueños tienes y cuál fue el hábito que más te fue difícil adaptar a tu vida. Tenemos más material que podemos compartir contigo y sígueme en las redes sociales, donde encontrarás más material para tu crecimiento.

Llegamos al final de estas páginas, pero al inicio de una nueva vida. Muchas gracias de todo corazón por permitirme llegar a tu corazón con este libro, estoy segura de que será una semilla que, regada diariamente con la fe de Cristo, dará grandes frutos y te llevará a ser una mujer exitosa y próspera. No para tu propio ego o vanagloria, sino para bendecir a otros y continuar su obra en la tierra. Estoy segura de que, a partir de ahora, tu vida será diferente y transformada positivamente. Dios te bendiga grandemente y declaro una cosecha sobreabundante en tu vida en el poderoso nombre de Jesús.

ACERCA DE LA AUTORA

Antonina Araya es una mujer amante de la hermosa familia que formó con su esposo Ramses, y de ayudar a otros a cumplir sus metas. Siempre está en movimiento, aprendiendo y logrando nuevas metas en su vida, por eso busca en Dios, su fuente de vida, su crecimiento personal y espiritual. Es graduada de Ingeniera de sistemas y especializada en Mercadotécnia Digital, ha formado redes de personas (Networker) y ha entrenado en conferencias a cientos de emprendedores y líderes en 6 países diferentes. Su prioridad es la familia por eso se ha desempeñado en los últimos años como mamá homeschooling de sus dos hijos Ramses y Shenoa; lo que le ha permitido desarrollarse como emprendedora, conferencista y financista donde ha colaborado a otras familias a organizar sus finanzas. Sus últimos estudios universitarios en Teología, los finalizó en la International School of Ministry (ISOM). Ha servido como voluntaria en su iglesia local y en la comunidad. Sueña con poder levantar una comunidad de mujeres emprendedoras y exitosas.

Mis Notas

Mis Notas

Mis Notas

Mis Notas

Mis Notas